四海一生踏歌行

苏轼词传

仗剑天涯 / 著

图书在版编目（CIP）数据

四海一生踏歌行：苏轼词传/仗剑天涯著. -- 北京：北京联合出版公司, 2019.8（2020.8 重印）
ISBN 978-7-5596-3303-3

Ⅰ.①四… Ⅱ.①仗… Ⅲ.①苏轼（1036-1101）—宋诗—诗歌评论 Ⅳ.①I207.22

中国版本图书馆CIP数据核字（2019）第112291号

四海一生踏歌行：苏轼词传

著　者：仗剑天涯
责任编辑：张　萌
封面设计：韩立强
内文排版：刘欣梅

北京联合出版公司出版
（北京市西城区德外大街83号楼9层　100088）
北京市松源印刷有限公司印刷　新华书店经销
字数240千字　880毫米×1230毫米　1/32　7印张
2019年8月第1版　2020年8月第8次印刷
ISBN 978-7-5596-3303-3
定价：36.00元

版权所有，侵权必究
未经许可，不得以任何方式复制或抄袭本书部分或全部内容
本书若有质量问题，请与本公司图书销售中心联系调换。电话：（010）58815874

前言

苏轼(1037—1101),字子瞻,号东坡居士。与父苏洵、弟苏辙合称为"三苏"。有《东坡七集》《东坡易传》《东坡乐府》等传世。苏轼一生仕途坎坷,屡遭贬谪,未能充分施展他的政治才干。他四十三岁时还遭遇了"乌台诗案",险遭不测,晚年更是被一贬再贬,直到荒远的海南。多少人在贬谪后郁郁而终,难有作为。然而苏轼却用他独有的人生态度来对待这些不幸,只要环境允许,他仍然一心为当地百姓做实事,尽力有所作为。苏轼,用自己的一生,温暖了他任职和贬谪之地的百姓的心。苏轼应对苦难的态度来自于儒家固穷的坚毅精神和禅宗的平常心。

苏轼是历史上罕见的诗、文、书、画、词全能型奇才。于诗,他站到了宋诗的最高点;于散文,他是"唐宋八大家"之一;于书法,他与黄庭坚、米芾、蔡襄合称为"北宋四大家";于绘画,他最早提出文人画的概念;于词,他开创了一个全新的流派——豪放派。苏轼的创造力让人惊讶,赵翼说他是:"天生健笔一枝,爽若哀梨,快如并剪,有必达之隐,无难显之情。"而他自己也毫不谦虚:"吾

1

文如万斛泉源,不择地而出。在平地滔滔汩汩,虽一日千里无难。"

苏轼在词的创作上取得了非凡的成就,突破了词为"艳科"的传统格局,另辟蹊径,对词的变革,基于其诗词一体的词学观念和"自成一家"的创作主张。旷才是苏词的最重要的特点。苏轼的清旷之气,让本为"艳科""小道"的词,"一洗绮罗香泽之态,摆脱绸缪宛转之度",使人"登高望远,举首高歌,而逸怀浩气,超然于尘垢之外。"从此,词方可登大雅之堂。

苏轼词开豪放一派,对后世有巨大的影响。苏轼不刻意为文,而文绝千古;不刻意为人,而名重九州。他只不过"如行云流水,初无定质,但常行于所当行,常止于所不得不止,文理自然,姿态横生"。这是苏轼的文章之道,亦是他的人生之道。

本书以苏轼的词为主题,从当时的社会观念与时代背景出发,对苏轼的生平际遇、诗词艺术、社会活动等进行了深入的分析,再现了苏轼以文传世、以官入世的典型宋代文官形象。本书结合苏轼的人生经历,对其词进行了情感化的解读。读他的词,可以医心;品他的人生,让人奋发。

目录 CONTENTS

● **江山有限情无限**

人生乐在相知心 —— 28
良夜清风月满湖 —— 23
金风玉露一相逢 —— 18
头白鸳鸯失伴飞 —— 12
江上哀筝遣谁听 —— 7
待君重见寻芳伴 —— 2

● **斗酒相逢须醉倒**

诗人相得古来稀 —— 49
竹溪花浦曾同醉 —— 44
亦师亦友老仙翁 —— 39
旧曲重闻似当年 —— 34

● **荣辱悲欢共手足**

一场大梦谁先觉 —— 69
明月明年何处看 —— 64
何事长向别时圆 —— 59
二苏胸中万卷书 —— 54

● **万里身同不系舟**

乘桴且恁浮于海 —— 100
天涯何处无芳草 —— 94
夜阑寂寞沙洲冷 —— 89
不忍轻别是徐州 —— 84
亲射猛虎看苏郎 —— 79
不做闲客不闲行 —— 74

明月有光人有情

- 重重似画曲如屏 —— 106
- 多情笑我早华发 —— 111
- 我欲醉眠芳草间 —— 116
- 快哉亭上快哉风 —— 120
- 谁道人生难再少 —— 125
- 人间有味是清欢 —— 130

青山似欲留人住

- 归去青山不易得 —— 136
- 使君元是此中人 —— 141
- 依旧躬耕于田畴 —— 146
- 杨花点点离人泪 —— 151
- 最是橙黄橘绿时 —— 155

何处心安是吾乡

- 一场大梦何时觉 —— 160
- 蜗角虚名身外事 —— 165
- 长恨此身非我有 —— 169
- 又得浮生一日凉 —— 174
- 此心安处是菟裘 —— 178
- 问书生何辱何荣 —— 183

任我江海寄余生

- 雪似故人人似雪 —— 190
- 花前对酒不忍触 —— 194
- 万重云外有征鸿 —— 200
- 一蓑烟雨任平生 —— 206
- 巧补残词漏残梦 —— 211

江山有限情无限

宝马配金鞍,才子对佳人。苏轼一生中,先后有王弗、王闰之、朝云三位女子伴随身边。她们在正史中出场不多,但却是打开苏轼心门之锁的钥匙。佳人是远行时的牵挂,是寒冬里的温暖,更是生死相约的伴儿。三人之外,苏轼也与许多女子相遇江湖,逢场作戏,但始终发乎情,止乎礼。

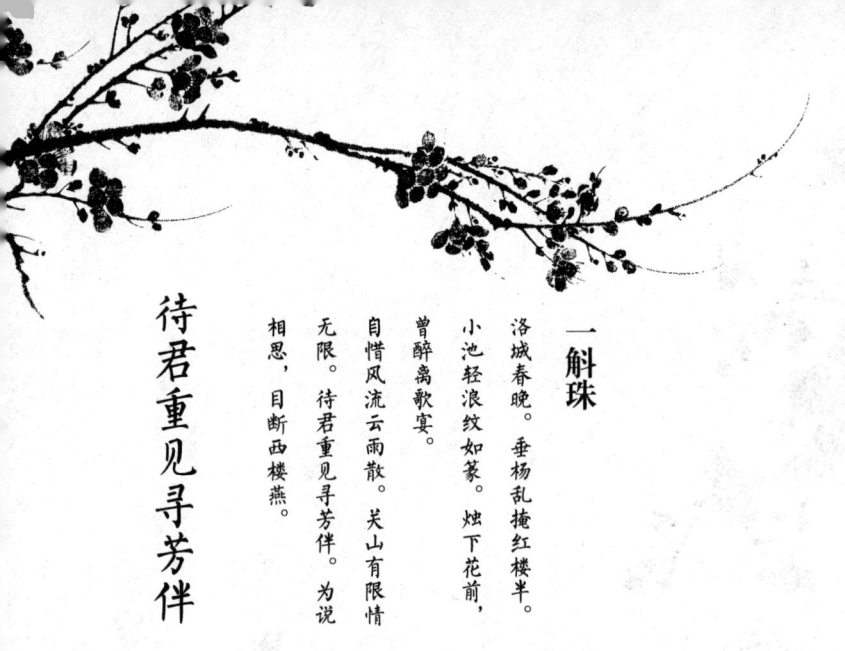

一斛珠

洛城春晚。垂杨乱掩红楼半。小池轻浪纹如篆。烛下花前,曾醉离歌宴。

自惜风流云雨散。关山有限情无限。待君重见寻芳伴。为说相思,目断西楼燕。

那年那日是唐朝,那君那人是玄宗。

唐明皇在花萼楼恰逢外使觐见,奉献颇丰,遂命贴身太监从贡物中取珍珠一斛,悄悄给梅妃送去。一斛者,十斗也。这位"尤知音律"的"梨园鼻祖",同时命乐府官用新声谱曲,名"一斛珠"。该词牌名由此便传了开来。

梅妃者何人?梅妃不姓梅,而姓江,名采苹,开元中被选入大唐后宫。妃淡妆明秀,慧敏能文,又性喜梅,于是唐玄宗赐名梅妃,宠爱有加。后来,梅妃遭杨玉环妒忌,被迫迁居上阳东宫。唐玄宗思念梅妃,在夜里灭烛召见,被杨贵妃发觉,引起风波。之后乃有上述"一斛珠"的典故。结果如何?梅妃并不领情,写诗答道:"柳叶双眉久不描,残妆和泪污红绡。长门自是无梳洗,何必珍珠慰寂寥。"珍珠乃是无情物，怎慰朝朝暮暮心？

这是宋人传奇小说中记载的故事，未必全真，也未必全假。苏轼这阕《一斛珠》乃是同样不真不假，却有情有意有韵味的妙品。

情之于诗词，就像茶之于水，不可或缺，但难以捉摸。诗词中的情，往往难以确指，于是就难坏了各朝各代有考据癖的索隐派，大家各执一词，各有其理，却难定于一。以这首《一斛珠》为例，有人认为苏轼是追忆旧友，有人认为是思念新婚妻子王弗。为故事的美丽起见，从后解。

这年（宋仁宗嘉祐元年，即1056年），二十一岁的苏轼与父苏洵、弟苏辙父子三人离蜀赴京赶考，过关中，至洛阳时正当（闰）三月，乃暮春时节。

垂杨生绿，已可成荫，半掩红楼，摇曳参差。小池清浅，波纹如篆，如斯美景，谁人顾盼？景动人心，瞬息万里，他年他月，烛下花前。不醉美酒醉离歌，何时执手再重说？风流已散情不散，他日寻芳君为伴。此情此景谁可拟，斜阳一半西楼燕。

苏轼与乡贡进士王方之女王弗成婚时十九岁，王弗十六岁。这桩婚姻是父母之命、媒妁之言，其中有父母的深远之虑。苏轼、苏辙兄弟两人快到二十岁的时候，家里就筹备让他们进京赶考了。赶考之前，要把婚姻大事解决了。因为他们若是未婚进京，并且一考而中，有可能就要娶外地老婆了。

北宋年间有一种求婚习俗，京都中家有未婚之女的富商，每年都眼巴巴地等着考试出榜，榜单一下，便立即向新得功名的未婚举子提亲。所以科举考试的季节，就是婚姻大事活跃进行的季节。苏轼的父母想让儿子娶个本地姑娘，他们对姑娘的家族知根知底，要比迎娶不知根底的京都富商的千金好得多。于是就有了苏轼与王弗的婚姻，和第二年苏辙与另一位本地姑娘的婚姻。

父母之命，未必全错；媒妁之言，未必不美。先婚姻后爱情，亦可成为一种美丽与浪漫，甚至更有可能化成朝朝暮暮的陪伴、年年岁岁的依念、生生死死的爱恋。

每一份真挚而深沉的感情，起航点都是漫不经心的偶然，而结果与起点却未必那么吻合。"氓之蚩蚩，抱布贸丝，匪来贸丝，来即我谋"般的爱情固然充满野性、新奇、刺激，催你"泣涕涟涟""载笑载言"，但最后的结果也有可能是"老使我怨""不思其反""亦已焉哉"！同样，父母之命与媒妁之言，也可以是命运大神的温柔点拨，从此两个生命日夜厮磨、相融相合、生死难割。苏轼与王弗的爱情，无疑就是这一种。

王弗嫁入苏家，事舅姑"以谨肃闻"，她出身于书香门第，但并不以诗书自矜。"其始，未尝自言其知书也。见轼读书，则终日不去，亦不知其能通也。其后轼有所忘，君辄能记之。问其他书，则皆略知之。由是始知其敏而静。"这段文字出自苏轼多年后所作《亡妻王氏墓志铭》。

"敏而静"是苏轼给爱妻的评价。这是一位聪慧而低调的女子,知书而不自言,但她显然很喜欢自己夫君沉浸于读书时的模样。专注的男人最有魅力,大概古今一理。"见轼读书,终日不去",这个简单的细节让人陶醉而感动。念念有词的苏轼,在读书间隙,抬眼四望,不经意看到凝神望着自己的妻子,和她嘴角浅浅的微笑,这是怎样的温馨?

王弗的内敛、贤淑自始而终,她的聪慧却日久方显,苏轼不小心遗忘的文章书籍,她"辄能记之",对其他书也"略知之"。"略知"应该也是谦语。苏轼至此方知这位妻子不仅秀外,而且慧中,不仅达礼,而且知书。心里当陶陶然,乐不可禁。

这位苏轼钟爱一生、牵挂一生的女子,不只是苏轼居家、读书的良伴,还是处世交游的贤内助。"轼与客言于外,君立屏间听之,退必反覆其言曰:'某人也,言辄持两端,惟子意之所向,子何用与是人言?'有来求与轼亲厚甚者,君曰:'恐不能久。其与人锐,其去人必速。'已而果然。"通过察言观色来识人辨人,这方面女人的天赋往往比男人更出众。

"烛下花前,曾醉离歌宴"。洛城暮春,杨柳摇曳,草长莺飞。苏轼览美景,思佳人,难免"江山有限情无限"起来。在那万里之外的蜀地眉州,是否也有一位佳人,"陌头杨柳色,悔教夫婿觅封侯"呢?

也许,有后世女子会说:"来生嫁给苏东坡[①],哪怕历尽千年的情劫。"我们不知道王弗和苏轼的缘分耗了多少前世的劫难，但王弗嫁给苏轼时，肯定没有想到自己的夫君将成为光芒万丈的人物。王弗和苏轼的故事，温馨多过浪漫，凝望多过誓言，没有感天动地，也不求感天动地。它是有人间烟火味的，就像苏轼身上的味道一样。

常有人把苏轼看作不食人间烟火的"仙人"，其实是误读。苏轼其诗其词其人的可贵与可爱，在于他总是在人间寻找自在和快乐，而不追求什么幻境、彼岸、乌托邦。

注释

①苏东坡：即苏轼，号东坡居士。

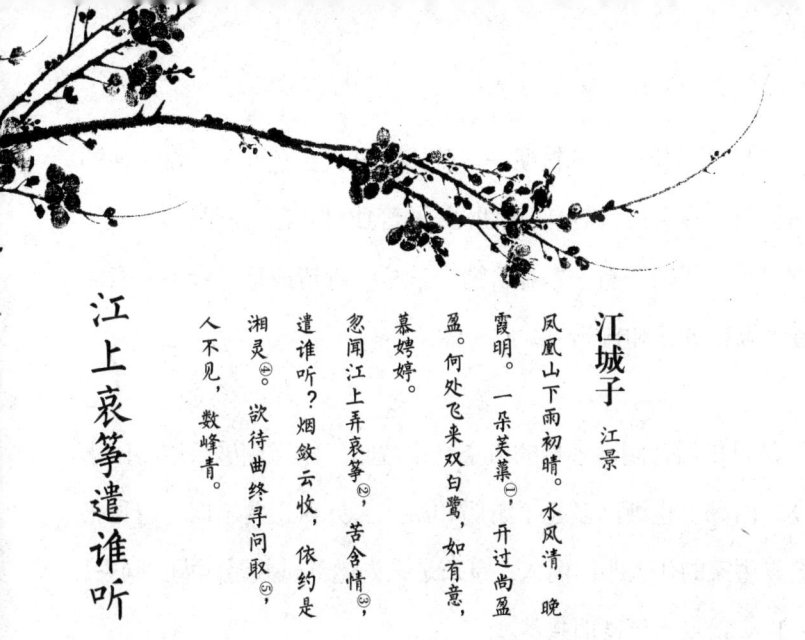

江城子 江景

凤凰山下雨初晴。水风清,晚霞明。一朵芙蕖[一],开过尚盈盈。何处飞来双白鹭,如有意,慕娉婷。

忽闻江上弄哀筝,苦含情[二],遣谁听?烟敛云收,依约是湘灵[四]。欲待曲终寻问取[五],人不见,数峰青。

江上哀筝遣谁听

宋神宗熙宁四年(1071年),苏轼携眷离京往杭州任通判。从此,这位潇洒多情的才子便与杭州的湖山结下了毕生难解之缘。林语堂说杭州是苏轼的第二故乡。岂止第二故乡?"数典忘祖"的苏轼,初到杭州便作诗"献媚":

未成小隐聊中隐,可得长闲胜暂闲。
我本无家更安往,故乡无此好湖山。

人与地的缘分往往是相互的。苏轼的诗情,非杭州的画意不能尽其才;杭州的画意,非苏轼的诗情不能极其妙。苏轼得杭州,如鱼得水,生命再不枯燥;杭州得苏轼,如水得鱼,从此有了灵魂。

此后的数年里，苏轼便一直耽溺于湖光山色间。苏轼所住的公馆位于凤凰山顶，恰可俯瞰西湖。不管独自凭栏，还是携友同游，皆可尽兴。所谓一石一木都含情，一亭一寺皆成迹。漫不经意的足迹渐渐把苏轼和杭州缠绕成一体。

是日午后，阴雨多日的天空终于放晴。阳光刺破云层将山水点亮，西湖上也渐渐多起了游船和游人。苏轼正要出门，忽见张先老先生家的仆人叩门而入，原来是张先邀苏轼共游西湖。同去，同去！美景自当与良朋共赏。

张先，字子野，诗风清丽，尤擅填词，因三个名句"云破月来花弄影""浮萍破处见山影""无数杨花过无影"被称为"张三影"。张先年长苏轼四十七岁，致仕后居于杭州，此时已年过八旬，但仍精力旺盛、兴致不减，常与苏轼酬唱应答。苏轼曾赠诗与张先曰："诗人老去莺莺在，公子归来燕燕忙"，以形容这位老翁年过八旬仍在家中蓄养歌妓的盛举。

张先、苏轼一众人游西湖。掠过湖面的清风，不知不觉已被水汽浸湿，吹拂人面时便觉清凉无限。雨已歇，云未散，斜挂西天的太阳，把云朵照射得五彩斑斓。众人言笑晏晏，走走停停。先绕湖而行，然后到西湖湖心的孤山上去凭吊白居易的祠堂。终于累了，于是在孤山竹阁前临湖亭歇下脚步。

孤山四面环水，岛上多梅花。苏轼等人谈论着白居易的掌故诗词，也没忘记随时品尝近湖远山的可餐美色。水面摇曳，舟行如梭，山色青翠，雾霭蒙蒙。谈论之声渐渐止住，仿佛每个人的魂魄都被水天一色的奇境摄了去。

众人的目光逐渐集于一只彩舟之上，它朝临湖亭翩翩驶来。近了，近了，可以看清了。那小舟华彩非常，舟上有靓装女子数人，其中一人尤为惹眼。这女子并非妙龄，看上去应该已三十多岁，但风姿绰约，仪态娴雅。那舟从哪里来？舟上这位女子是谁？她又为何而来？

在岸上好奇的人群中，有两位客人望着彩舟早已直了眼。而且当时这两位刘姓客人有孝在身，举止轻浮是大忌。不过孔子说过"发乎情，止乎礼义"，被美丽吸引乃人之常情，算不得轻浮。苏轼也不自觉地朝彩舟多看了几眼。一望不打紧，一望而不可禁。

十三四岁的女子是豆蔻年华，含苞未放，楚楚动人；二十多岁的女子，初知人事，流盼传情；三十多岁的女子呢，则像已经绽放的荷花，虽已开过，却仍盈盈翘立。当然，有的女子到了三十来岁便深居简出，全身心地相夫教子。而有的女子并不愿轻易雪藏自己的美丽，虽已过了所谓的"最佳时节"，但由于经历过的风雨化成了风韵，便显出另一番风味。

如果说这女子是一朵"开过尚盈盈"的荷花，那两位"痴心客"就是慕美而来的两只白鹭。白鹭很安静，只是默默地望着，不言不语、不动不惊。这一切都成了苏轼眼中的风景。

筝声忽然起于水面，是舟上的女子在弹。声声筝鸣尽凄婉，仿佛有无尽的心事想要诉说，她要诉给谁听呢？在这陌生的地方，对着陌生的人，每一件心事都随着筝声传递开去。一句话都没说，可心思却一点儿都未保留。"知我者谓我心忧，不知我者谓我何求。"

刹那间，烟敛云收，天空像蓝玻璃一样澄澈透明。雾霭不见了，彩霞不见了，湖面上其余的船也像是有意闪开了似的，只剩下一湖清水、两只彩舟，一只在水上，一只在水下。苏轼再去看舟上的女子，只见她双手熟练地拨弄着琴弦，筝声凄婉，她脸上却露出难以形容的肃穆、平静。

她不是谁家的女子，她是远道而来的湘灵。湘灵，湘水之神，是古代尧帝之女、舜帝之妃娥皇和女英的灵魂所化。舜帝死时，二妃啼哭，泪洒竹上，竹子从此斑斑点点，湘妃竹是也。哭泣之后，她们跃入湘江，为夫殉情。湘妃化为神后，每次现身都尽显哀怨。这次也没有例外。

哀怨从来不是无缘故的，哀怨的背后总是有说不尽的故事。可是过于沉重的故事却往往说不出来。所有的内容都融进了筝声。

你听得出哀怨，却听不出为什么哀怨，你好像又知道为什么哀怨，可是你知道了也说不出口。音乐是最好的传情方式，传情是音乐的唯一目的。出她的心，入她的筝，经你的耳，入你的心。

听音乐时人容易闭眼，当你闭上眼，你才能看见更多。闭着眼的苏轼和"双白鹭"，等着音乐停止的那一刻，去打听"湘灵"的情况。可是，当他们睁开眼，却发现彩舟已逝，湘灵已远，唯青峰数座，倒影幽然。

怀恋，遗憾。这忽然而来、又忽然而去的邂逅，本不需要有什么结果。"人不见，数峰青"，此时无声胜有声。

注释
①芙蕖（qú）：荷花。
②哀筝：筝是一种弦乐器。因其声哀婉，故曰哀筝。
③苦：甚，极。
④湘灵：古代传说中的湘水之神。
⑤取：助词。

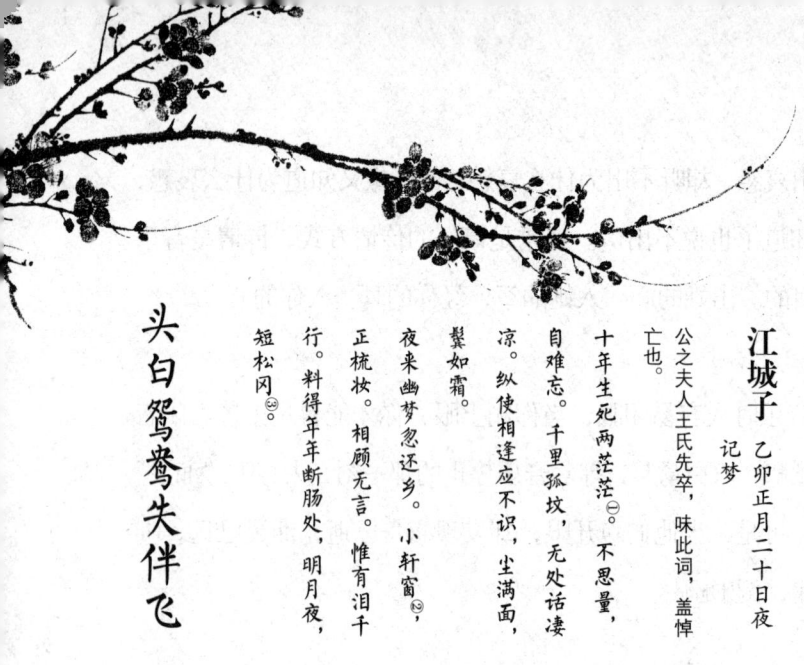

江城子

乙卯正月二十日夜记梦

公之夫人王氏先卒,赋此词,盖悼亡也。

十年生死两茫茫[一]。不思量,自难忘。千里孤坟,无处话凄凉。纵使相逢应不识,尘满面,鬓如霜。

夜来幽梦忽还乡。小轩窗[二],正梳妆。相顾无言。惟有泪千行。料得年年断肠处,明月夜,短松冈[三]。

头白鸳鸯失伴飞

乙卯年,也就是宋神宗熙宁八年(1075年),苏轼刚到密州上任。热闹的元宵节过去后,人都显得有些寥落。在充实而欢快的日子里,人往往不怎么做梦,而在窘迫寂寥时,心中却最容易浮想联翩、幽梦不断。

密州是一个穷僻的地方,与杭州简直有天壤之别。苏轼又向来不善理财,他自己说"平生未尝作活计……俸入所得,随手辄尽",几乎没有余钱。这时又赶上官员俸禄下调,苏轼的生活一下子变得十分拮据。他在密州写的《后杞菊赋》中说:"予仕宦十有九年,家日益贫,衣食之奉,殆不如昔者。及移守胶西,意且一饱,而斋厨索然,不堪其忧。"

做了十九年官，家里一天比一天穷，俸禄又减少。到了胶西，也就是密州，连吃饱都成了奢望。为了填饱肚子，苏轼每天被迫跟同僚去古城荒废的园圃里找杞菊吃，边吃边相对苦笑。这日子过得不能不叫辛苦。

正月二十这天晚上，苏轼梦到了原配妻子王弗。王弗十六岁时嫁给比她大三岁的苏轼，婚后两人恩爱情深，生有一子苏迈。王弗是一位贤惠的妻子，侍奉舅姑十分谨肃，而且每次见苏轼读书，便陪伴左右。举案齐眉乃题中之意，红袖添香是礼中之情。

谁也没有料到，王弗在二十七岁上就年轻殂谢，不幸病逝于京师。苏轼在《亡妻王氏墓志铭》中记了一件事，父亲对他说："妇从汝于艰难，不可忘也。他日汝必葬诸其姑之侧。"父亲告诫苏轼，糟糠之妻不可忘，还叮嘱一定要把她葬在苏轼母亲的坟墓边上。其实，这些事何须父亲叮嘱？苏轼只是以父亲之口，言心中之念而已。

这位"敏而静"的贤内助撒手西去，让苏轼觉得自己成了被遗弃在世间的孤儿，他说"余永无所依祜"，再也没有人与自己亲密无间地去面对风风雨雨。

这首《江城子》是古往今来最知名的悼亡词之一，但并不是苏轼第一次写词怀念亡妻。宋英宗治平二年（1065年），即王弗去世的当年，苏轼就写过一首《翻香令》：

金炉犹暖麝煤残。惜香更把宝钗翻。重闻处，馀熏在，这一番、气味胜从前。

背人偷盖小蓬山。更将沈水暗同然。且图得，氤氲久，为情深、嫌怕断头烟。

这首词，上片写苏轼在灵柩前烧香忆旧。苏轼回忆王弗生前因为爱惜而用宝钗翻动残余未尽的香。很久之后，原来烧香的地方还有香气余存，气味甚至胜过从前。下片描述苏轼在殡仪时精心添香的情态。他背着人偷偷盖起小蓬山模样的香炉，不过是为了氤氲的香气能持久一点儿。一向通达的苏轼，甚至信了"断头烟"的说法。断头香是指未燃烧完就熄灭的香，俗传以断头香供佛，来生会得与亲人离散的果报。苏轼未必全信这个说法，但因为"情深"，还是从了这不明不白的规矩。

十年前，死神斩断了连理枝，拆散了双飞鸟，残忍而无情。

之后苏轼遵父命葬王弗于家乡眉山的祖茔。从前夫妻携手共同度过了十年，而今幽明路隔又是十年。"茬苒冬春谢，寒暑忽流易"，时间从来不会照顾人的感受。

人生在世就好比寄宿旅店的行人，有的人会跟自己有缘同行，但没有什么缘分是永恒不变的。下一站，说不定刚刚亲密起来的人就要分道扬镳。然而，有的东西会变，也有些东西不会变，比如记忆。

"不思量。自难忘。"真正的刻骨铭心,从来不会形诸口口声声的碎碎念,只会默默埋藏于方寸之间那块柔软之地。思念,就像潜流于地表之下的暗河,在无痕无迹中默默流淌,在风景变幻里始终如一,但一遇出口,就会喷涌而出、波浪滔滔。对苏轼来讲,今夜的梦就是出口。

假如两人再见面,王弗还会不会认得自己?这十年,苏轼过得并不顺意,虽然文名如日中天,但在官场上却屡屡不顺。就在此前,他还上书论列吕惠卿扰民之罪,但之后从京城传来的消息却是弹劾,反对这个小人的正义之士接连受到惩处。苏轼自然不会跟王弗讲这些琐事,但这些世事沧桑在苏轼脸上留下的痕迹,不可能逃过爱妻的眼睛。"尘满面,鬓如霜"的自己,会不会吓到妻子?

若不是每日暗暗系念着千里之外的孤坟,今夜苏轼的魂魄也不会突然还乡。暗自"回乡"的苏轼,是不是本打算去爱妻坟前拜祭?但梦常是无逻辑的,他突然来到故宅,来到两人一起居住过的地方。一切都是那么熟悉,那树,那走廊,那小窗,竟然还有在窗前梳妆打扮的她!

惊喜,是的,惊喜万分。即使知道这是梦,苏轼也感到十分满足,他要赶在梦醒之前,抓住每一分每一秒,跟妻子倾诉衷肠。

他要好好问一问,这十年她过得怎么样。他要仔细看一看她的模样。有太多太多的话要说,有太多太多的事要做,即使是梦,也要梦个圆满。

可是,那么多话,从何说起呢?或者,既然相见了,又有什么话非说不可呢?要表达什么,千行泪水不够,但一个眼神足矣。

苏轼知道,过了今天,自己还要回复平静的生活,照旧要把思念埋在心中。埋在哪儿呢?明月夜,短松冈。

悼亡诗写得最有名的,一是潘岳,一是元稹。

潘岳在丧妻之后"望庐思其人,入室想所历",他看到的是:"帏屏无仿佛,翰墨有余迹。流芳未及歇,遗挂犹在壁。"不管物是人非,还是人、物皆非,都只能在心中勾起忧伤。潘岳感慨道:"如彼翰林鸟,双栖一朝只。如彼游川鱼,比目中路析。"

元稹则写过著名的"曾经沧海难为水,除却巫山不是云"。比这句人人皆知的誓言更催泪的,是他与妻子生前共同经历的回忆:

昔日戏言身后意,今朝都到眼前来。衣裳已施行看尽,针线犹存未忍开。

尚想旧情怜婢仆,也曾因梦送钱财。诚知此恨人人有,贫贱夫妻百事哀。

苏轼与王弗同样是"贫贱夫妻",但他们的生活总体也算欢乐。不过王弗不是才女,与"赌书消得泼茶香"的赵明诚、李清照相比,有人会觉得缺了些什么。但他们缺少的并不是内心的默契,而只是形而上的交流罢了。这并不是什么缺憾。心心相印的两个人,不需要留下什么可供传诵的佳话。如果需要,苏轼的这个梦就是佳话。

注释

①十年:词人妻子王弗于宋英宗治平二年(1065年)去世,到写作此词已经十年。
②小轩窗:小室的窗前。
③短松冈:植满松树的小山冈。此指墓地。

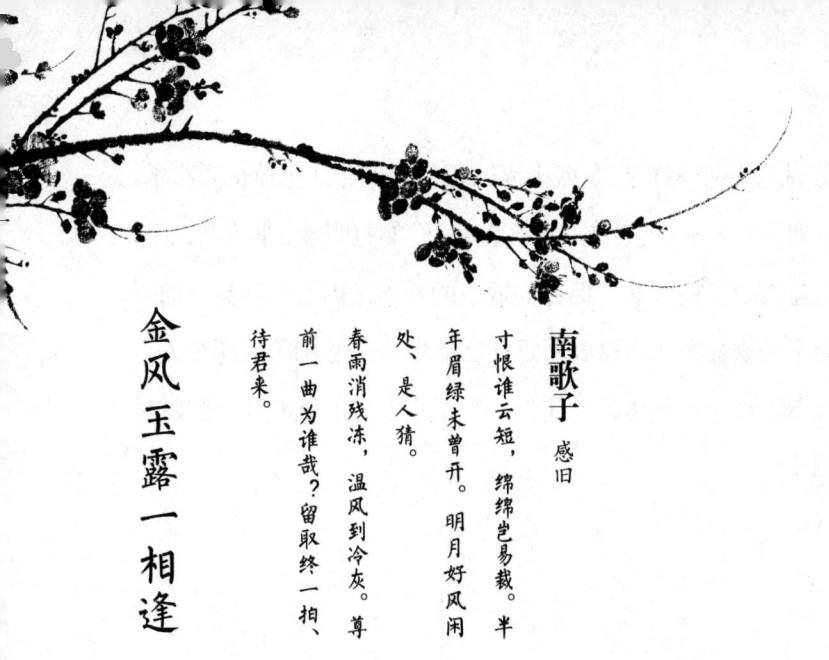

金风玉露一相逢

南歌子 感旧

寸恨谁云短，绵绵岂易裁。半年眉绿未曾开。明月好风闲处、是人猜。

春雨消残冻，温风到冷灰。尊前一曲为谁哉？留取终一拍、待君来。

宋神宗元丰二年（1079年）七月，凶神恶煞般的朝廷使者来到湖州"捉拿要犯"的时候，苏轼全家人都被吓得不知所措。虽然前几天已经收到苏辙送来的消息，可他们仍然无法接受一代名士转瞬间沦为阶下囚的变故。使者的蛮横态度加深了全家的不安，目击者云："顷刻之间，拉一太守如驱犬鸡。"

面对哭泣不已的夫人和孩子，逐渐平静下来的苏轼笑着给他们讲了一个故事：

宋真宗在位时，想要在林泉之间访求真正的大儒。有人向宋真宗推荐隐居在郑州的杨朴。宋真宗于是下诏，让杨朴出来做官。

杨朴实在不情愿出仕，但皇宫侍卫非要他到京城亲自向皇帝说明。于是，杨朴就在侍卫的陪伴下启程前往京师。

在皇宫里，宋真宗问："我听说你会作诗？"

杨朴回答道："臣不会。"他想掩饰自己的才学，他是抵死不愿做官的。

宋真宗又问："朋友们送你时，赠给你几首诗没有？"

杨朴回答道："没有。只有拙荆（妻子）写了一首。"

宋真宗又问："是什么诗，可以告诉我吗？"

于是杨朴把临行时妻子作的诗念了出来：

更休落魄贪酒杯，且莫猖狂爱咏诗。

今日捉将宫里去，这回断送老头皮。

听完这个故事，苏夫人破涕为笑。这位夫人即苏轼的继配，是原配王弗的堂妹，名叫王闰之，在宋神宗熙宁元年（1068年）嫁给三十三岁的苏轼。王闰之并非名门闺秀，但和王弗一样贤惠柔顺。结婚之后，她陪伴苏轼"天涯流落"般宦游各地，从来没有怨言。直到这回苏轼得罪朝廷，不知将会受何等处罚，王闰之才忍不住跟孩子一起大哭起来。

苏轼讲的故事本身并不能消除妻子心中的恐惧，但苏轼的镇静和泰然是一粒难得的定心丸。寒冷中的人，不得不互相取暖。妻子需要苏轼的宽慰，对妻子的思念也是苏轼挨过在御史台和黄州最难熬的日子时仅存的柴火之一。

开头这首《南歌子》是宋神宗元丰三年（1080年）二月，苏轼刚到黄州时写的。

自去年七月被捕，与妻子分别，年底获释，到今岁正月谪来黄州。这半年多来，爱妻闰之想来日日眉心紧蹙，未曾开颜。一日不见，如隔三秋，不是热恋，只因牵挂。半年，长似一生。寸心生恨，谁敢云短？绵绵无穷，岂易剪裁？明月清风是否能猜到她的心思呢？

"春雨消残冻，温风到冷灰"，实写二月的春景，暗映自己已度过命悬一线的极寒。春天终要到来，春风春雨终要在冰天雪地中涤荡出一片生机。

到黄州之后，苏轼差不多完全放弃了政治上的抱负。他已经四十过半，力主"新法"的神宗年方三十三岁，正当壮年。已被贴上"旧党""攻讦新法"标签的苏轼，看上去终生无出头之日了。但苏轼之可爱与可贵就在于，即使面临再令人绝望的穷途末路，他都能打起精神，把日子过得有滋有味。更可奇的是，对待厄运，他不是漠视而是正视。如果说漠视厄运需要一份自欺欺人式的坚强，那么正视厄运并从厄运中发掘乐趣，则需要一颗火热跳动的心脏。

在这首词里，苏轼就展露了他"苦中寻乐"的独特本领。面对将要来黄州与自己相聚的妻子，他没有华堂广厦，也备不起美酒佳肴，他拥有的只有一个戴罪之身。可他的接风礼一点儿都不寒碜：尊前之曲留一拍，且待君来，与君同奏。

三个月后，苏轼的家眷才由苏辙伴送来到黄州，当然其中不包括长子苏迈。苏轼被捕时，苏迈就随父亲一同入京，苏轼出狱后又随同前往黄州。至此，夫妻重聚，眉绿当开，尊前之曲也该续上最后一拍了。

大难来临，仿佛天崩地裂，自己成为天地间孤零零一只等待命运判决的蚍蜉。大难过后的家庭重聚，简直就像上苍的额外眷顾。也许，美满的家庭本来就是上苍的恩赐吧，只是平时太习以为常。不经历寒冷，怎懂得温暖？

这年七夕节，与爱妻重逢不足两月的苏轼又写了两首《菩萨蛮》：

其一

画檐初挂弯弯月。孤光未满先忧缺。遥认玉帘钩。天剪梳洗楼①。
佳人言语好。不愿求新巧。此恨固应知。愿人无别离。

其二

风回仙驭云开扇②。更阑月堕星河转。枕上梦魂惊。晓檐疏雨零。
相逢虽草草。长共天难老。终不羡人间。人间日似年。

对这对患难夫妻来说，湖州一别犹如隔世。狱中狱外就像两个世界，一头生死难测，要应对纷繁的指控，忐忑不安地等待判决，担心被连累的亲友，也担心家人对自己的担心；另一头茶饭难进，却只能眼巴巴望着、等着，无能为力。两头都考虑过最坏的结果，却又都不敢认真想下去。

所以，重逢之后才会更珍惜，七夕节本来就不是月圆夜，苏轼却"先忧缺"起来。受过惊吓的人都会有这种想法，他们看每种景物都像马上就会无缘无故消失似的。月亮缺了，他们怕再也不会圆。花儿谢了，他们怕再也不会开。

王闰之不甚通文采，但苏轼觉得她"不求新巧"的言语却是世间最好听的声音。浪漫不须吟诗作对，只要情挚意切，日常的问候远胜海誓山盟。默默地握手，那熟悉的温度是最深的幸福。

注释

①天孙：星名，织女星。《汉书·天文志》："织女，天帝孙也。"唐朝唐彦谦《七夕》诗："而予愿乞天孙巧，五色纫针补究衣。"

②风回仙驭：风把太阳神坐的车吹得又倒转回来。借喻天快亮了。

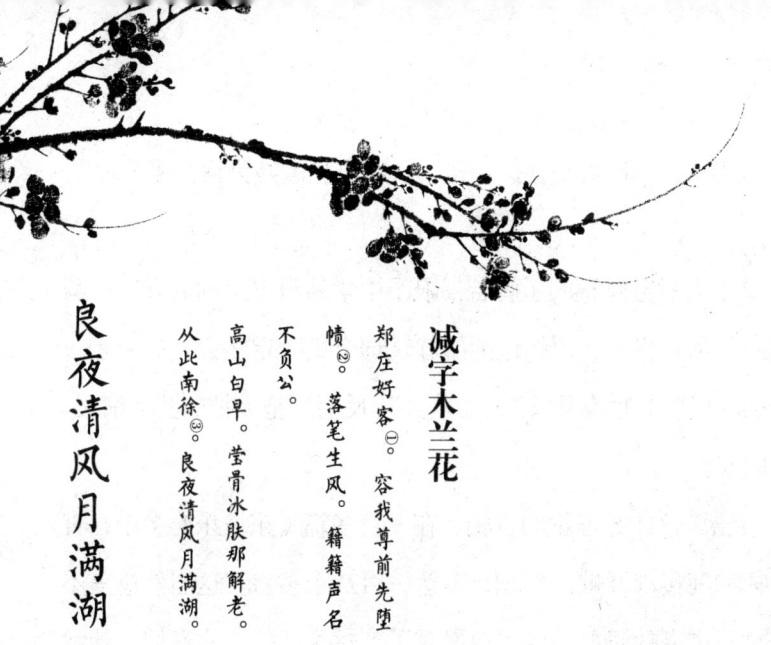

良夜清风月满湖

减字木兰花

郑庄好客[一]。容我尊前先堕帻[二]。落笔生风。籍籍声名不负公。

高山白早。莹骨冰肤那解老。从此南徐[三]。良夜清风月满湖。

乍一看，这词无甚奇特，其实它的秘密在每句的首字，连起来读：郑容落籍，高莹从良。郑容、高莹者谁？与苏轼素昧平生之歌妓也。落籍，除去妓女名籍，恢复自由民身份。从良，妓女出籍嫁人。苏轼作词是为两位幸运的妓女庆贺吗？不然。

苏轼自黄州移汝州途中，经过润州，润州太守许遵为他设宴接风。官妓郑容、高莹陪侍，甚得苏轼之心。两人想要从良久矣，于是请苏轼向太守说情。苏轼点头答应了，但席上自始至终一直没提这茬儿。二女心急如焚，临别时赶到苏轼的船上再次恳请。这时，苏轼拿出这首《减字木兰花》交给她们，说："你们拿我这首词去见太守，太守一见，便知其意。"果然，太守览词，莞尔一笑，便遂了两人落籍从良的愿望。

江山有限情无限

是为苏轼与歌妓交往之一斑，从中可见歌妓为何都爱苏轼。

一个人对苏轼词的了解若仅限于中学教科书上的简介——豪放词的开创和代表，那么他翻阅苏轼词全集时定然会大失所望。为什么这里总共也没几首"大江东去"，反而大把大把的儿女情长、春秋闺怨？

没错，这才是苏词的真相。在三百多篇《东坡乐府》中，直接题咏和间接涉及歌妓的词，多达一百八十多首。这当然遮盖不住苏轼开创豪放词的功劳，但暴露了苏轼生活的真实环境，让我们了解到苏轼一生并非一味慷慨激昂。我们也理应相信，只懂陈辩、斗争、分析的人生并非痛快滋润的人生。风花雪月中，有真谛和自由。

苏轼与歌妓确有缘分，郑容、高莹的故事只是一例。苏轼生命中第三位重要的女人——朝云，原来也是一位歌妓。

还有，才女琴操，听苏轼一席话，竟出家为尼，千载之下，犹令人唏嘘。

苏轼任杭州知府时，琴操是红极一时的歌妓。琴操曾为苏轼抚琴一首，被苏轼的好友佛印称为百年难得一闻。

一天，苏轼携琴操游西湖。在船上，两人参起禅来。

苏轼问："何谓湖中景？"

琴操答:"秋水共长天一色,落霞与孤鹜齐飞。"

苏轼又问:"何谓景中人?"

琴操答:"裙拖六幅湘江水,鬓耸巫山一段云。"

苏轼再问:"何谓人中意?"

琴操答:"随他杨学士,鳖杀鲍参军。"

苏轼还问:"如此究竟如何?"

琴操不答。

苏轼曰:"门前冷落车马稀,老大嫁作商人妇。"

苏轼本拟劝琴操及早从良,不要重复白居易笔下琵琶女的悲剧,不料说者有心,听者更有心。琴操默然良久,答曰:"谢学士,醒黄粱,世事升沉梦一场。奴也不愿苦从良,奴也不愿乐从良,从今念佛往西方。"此后琴操削去长发,在玲珑山别院修行起来。

可怜琴操伴青灯古佛没几年,便听说苏轼被贬海南,思念忧惧之下,玉殒香消、郁郁而终。琴操辞世时,正青春二十四岁。苏轼闻之大恸,面壁而泣。

后来,苏轼来到玲珑山琴操修行处,重葬了这位红颜知己,并自写了一方墓碑。琴操墓到南宋时,已淹没在荒草之中,乡人捡到苏轼的题碑,就重修了一次。民国年间,诗人郁达夫前来寻访,又只剩下"一坡荒土,一块粗碑",上面刻着"琴操墓"三个大字。郁达夫所见的墓碑,已非苏轼所书,而是明人重修的碑碣。

诗人与歌妓之间,更多的是逢场作戏。这种人情常态却并非每个人都能理解,大儒朱熹就对女人的诱惑格外恐惧。爱国名臣胡铨十年放逐,遇赦归来后写了两行诗:"君恩许归此一醉,傍有梨颊生微涡。"朱熹得知后,"诚心诚意"地写了一首"劝诫诗":

十年浮海一身轻,归对梨涡却有情。
世上无知人欲险,几人到此误平生。

朱熹若与苏轼生在同一时代,肯定会招来后者辛辣的讽刺和嘲谑。朱熹的前辈程颐、程颢就多次领教过苏轼的舌箭。与"存天理,灭人欲"的理学家相反,苏轼对歌妓酒筵这类事物向来是来者不拒。若遇歌妓求诗,苏轼便毫不迟疑地在来者的披肩或扇子上挥毫泼墨。

苏轼与歌妓交往频繁,却从来没传出过什么风流韵事,在诗词中写到歌妓也是"乐而不淫",更不曾像黄庭坚那样写露骨的艳诗。他只是坦然随和地与她们开玩笑、畅饮和吟诗听曲。

苏轼会赞美她们的色艺:"皓齿发清歌,春愁入翠蛾";他会在离去之后思念她们:"想伊归去后,应似我情怀";他也会同情她们的处境:"主人嗔小。欲向东风先醉倒"。苏轼从不将女人看作玩物或附属,他以文人的敏锐之眼捕捉、记录这些女子的真情实态,赞美她们的才智和情操。

情多而不乱，见美而不淫，苏轼就是这样的男子。世人通过苏轼这支带感情的笔，可以发现有那么多"风尘"中的女子，在人们看不到的角落里倔强地美丽着。这是苏轼对她们的礼赞，也是给世界的礼物。

注释

①郑庄：西汉郑当时字庄，陈人，以任侠名闻齐、梁间。景帝时，为太子舍人。"每五日沐浴，常置驿马长安诸郊，请谢宾客。夜以继日，至明旦，常恐不遍。"
②堕帻（zé）：落下头巾。指名士醉酒后的一种失礼行为。
③南徐：即润州。

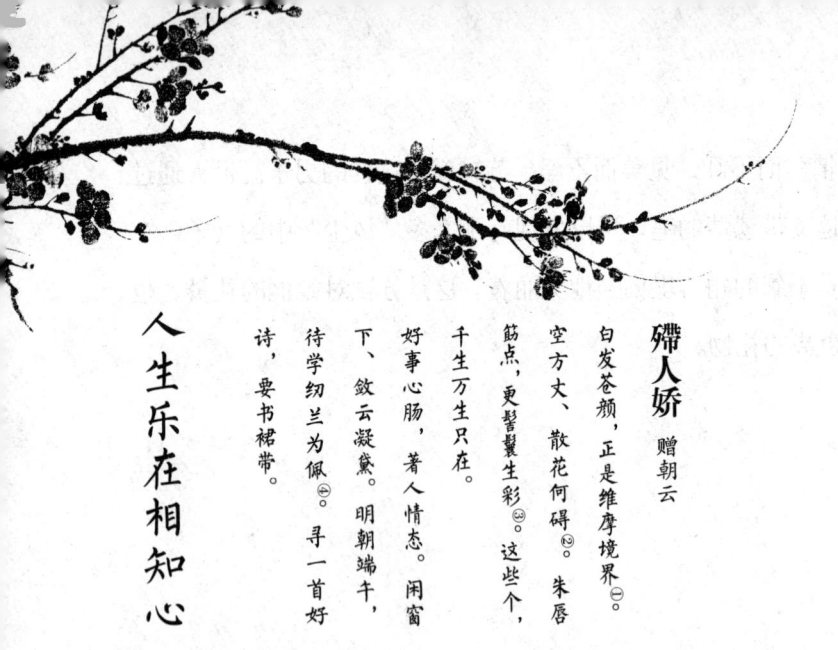

人生乐在相知心

殢人娇 赠朝云

白发苍颜，正是维摩境界①。空方丈、散花何碍②。朱唇筯点，更髻鬟生彩③。这些个，千生万生只在。

好事心肠，著人情态。闲窗下、敛云凝黛。明朝端午，待学纫兰为佩④。寻一首好诗，要书裙带。

有才子处，若无佳人，就像香烛失去红酒，亭槛远离水畔，虽亦有风采，但终究少了摇曳波光的增色和陪伴。

苏轼一生中，对歌妓酒筵的喜爱从未稍减。苏轼对此也从不讳言，他在词中说："回首长安佳丽地。三十年前，我是风流帅。为向青楼寻旧事，花枝缺处余名字。"俨然有"忍把浮名，换了浅斟低唱"的柳永般的疏狂、风流。

但苏轼毕竟不是柳永，苏轼流连于酒筵歌舞，喜欢与年轻女子谈笑交际，但他从未迷醉在烟花柳巷，甚至没有迷恋上哪个歌妓。在这方面，苏轼要比他同时代的晏几道清醒得多。

晏几道孤高自负，不与权贵交往，即使苏轼这样的人物想要见他也不可得，但他又是一位"人百负之而不恨，己信人，终不疑其欺己"的痴人。一卷《小山词》，二百余首，所摹所状只有他与友人沈廉叔、陈君龙家的莲、鸿、蘋、云四位歌女的悲欢离合。

四位歌女流转人间，晏几道明知不能与她们聚合，仍然一往情深、苦苦生恋。他从未表现过拥有之后的满足，因为他从未拥有。过往的温馨美好和现实的苦闷相思，就像两面相对而立的镜子，永不停止地互相映射，直到狭小的空间里叠起无尽的幻影。就像那首为小蘋而作的《临江仙》：

梦后楼台高锁，酒醒帘幕低垂。去年春恨却来时。落花人独立，微雨燕双飞。

记得小蘋初见，两重心字罗衣。琵琶弦上说相思。当时明月在，曾照彩云归。

在晏几道的260首词作中，有52首、59句带有"梦"字，他在《小山词自序》中说："篇中所记悲欢离合之事，如幻如电，如昨梦前尘，但能掩卷怃然，感光阴之易逝，叹境缘之无实也。"寻梦寻得久了，他或许已渐渐混淆了梦境和现实。

像苏轼这样的倜傥学士，我们可以想象，他到处都会有女人缘的。但苏轼与女人的相处，不是"针线闲拈伴伊坐"，那是柳永的专属；也不是"夜雨一帘幽梦，春风十里柔情"，那是秦观的幽情。苏轼常写的句子是："美人怜我老，玉手簪黄菊。""强染霜髭扶翠袖，莫道狂夫不解狂，狂夫老更狂。"

美人在这里是一种点缀，而不是主角，但也不可或缺。就像剑穗之于宝剑，虽无益于杀伐，却可为勇士增添风流。不过的确有三个女人先后是苏轼生命中的主角：原配王弗、继配王闰之、侍妾王朝云。

王朝云自幼生活在歌舞班中，苏轼第一次任职杭州时把她收为侍女，在黄州纳为妾。在苏轼的几个女人中，王朝云最知心达意。一次，苏轼退朝回家，饭后在庭院中散步，突然指着自己的腹部问身边的侍女："你们有谁知道我这里面有些什么？"一侍女答道："您腹中都是文章。"苏轼不以为然。另一侍女说："满腹都是见识。"苏轼也摇摇头。到了王朝云，她微笑道："大学士一肚皮的不合时宜。"苏轼闻言，捧腹大笑，赞道："知我者，唯有朝云也。"

王朝云曾为苏轼生下一子，但不幸夭折。苏轼南迁惠州时，继配夫人王闰之已去世，家里的几个侍妾也相继辞去，只有王朝云与他相伴。惠州这座偏远的小城，注定要准备容纳他们的故事。

"朝云"一名是苏轼所取，源自宋玉《高唐赋》中"朝为行云，暮为行雨"的巫山神女。但王朝云与苏轼留给后人的记忆，却与此丝毫无涉。

王朝云信佛，苏轼把她比作"天女维摩"。佛经中有一个故事：在释迦牟尼与门人讨论学问时，空中出现一位天女，将鲜花撒落在众人身上。众菩萨身上的花都落在地面，只有舍利弗身上的花瓣不落下来，用神力也不能拂去。众人诧异万分，天女说："结习未尽，固花着身；结习尽者，花不着身。"舍利弗于是愈发努力修行。

王朝云抛却长袖的舞衫，专心礼佛，与苏轼一起炼制丹药。苏轼在一首诗里说，一旦仙丹练就，朝云将与他一起辞别人世，去遨游仙山，不会再如巫山神女一样受尘缘羁绊。他甚至信誓旦旦地写道："佳人相见一千年。"

苏轼在惠州建了一所房子，他管它叫"白鹤居"，后人却一致地称之为"朝云堂"。其实朝云并未住过这座房子，房子还未竣工，朝云就得了瘟疫，竟至身亡。她在闭眼之前，握着苏轼的手，念出《金刚经》上的偈语：

一切有为法，如梦幻泡影，
如露亦如电，应作如是观。

从此以后，苏轼的生命中没有再出现与他亲密的女人，直到老死。当后人怀念王朝云时，会想起惠州西湖六如亭的亭柱上，出自苏轼之手的那副楹联：

不合时宜，惟有朝云能识我；

独弹古调，每逢暮雨倍思卿。

　　苏轼壮年力盛时，为和奉守清规戒律的禅师开玩笑，曾把一位歌妓带入佛门净地。那时的他应该不会料到，会有一位走进他内心的女子，又与他一起走进佛门。当她走进来，他感到世界的圆满。当她先一步走出去，他悟到"空"才是世界的本质。

注释

①维摩：维摩诘的省称，佛经中的人名，和释迦牟尼同时代，是吠舍离城中的一位大乘居士。
②"空方丈"二句：天女在一丈见方的维摩室中散花，室小无任何妨碍。天女，喻朝云。
③"朱唇"二句：红色口唇似用筷子点画，改变年少时的发髻形态更丽。髫鬟：年少时的发髻。
④纫兰为佩：编织兰草来佩带。

斗酒相逢须醉倒

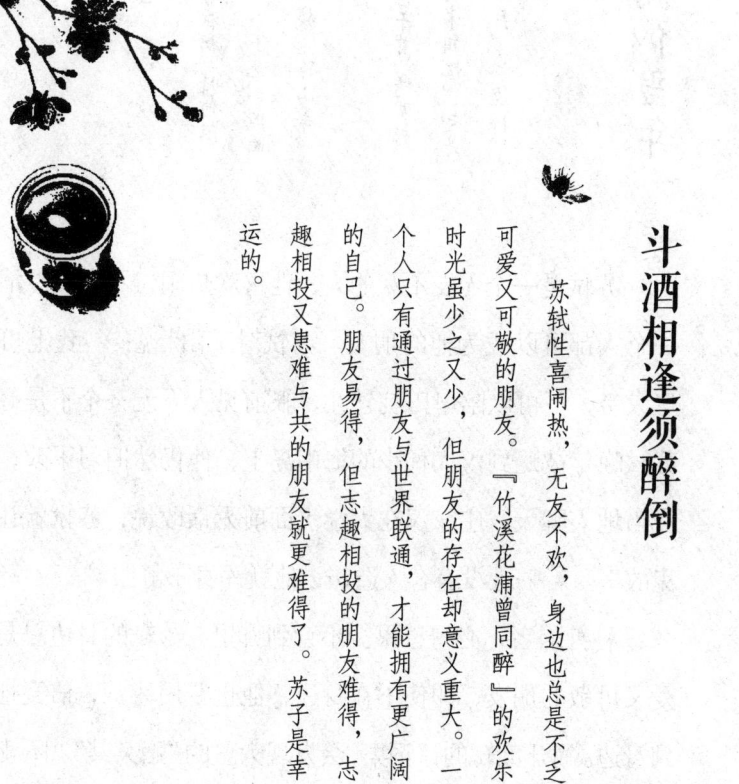

苏轼性喜闹热，无友不欢，身边也总是不乏可爱又可敬的朋友。「竹溪花浦曾同醉」的欢乐时光虽少之又少，但朋友的存在却意义重大。一个人只有通过朋友与世界联通，才能拥有更广阔的自己。朋友易得，但志趣相投的朋友难得，志趣相投又患难与共的朋友就更难得了。苏子是幸运的。

行香子 冬思

携手江村,梅雪飘裙。情何限、处处消魂。故人不见,旧曲重闻。向望湖楼,孤山寺,涌金门。

寻常行处,题诗千首,绣罗衫、与拂红尘。别来相忆,知是何人。有湖中月,江边柳,陇头云。

旧曲重闻似当年

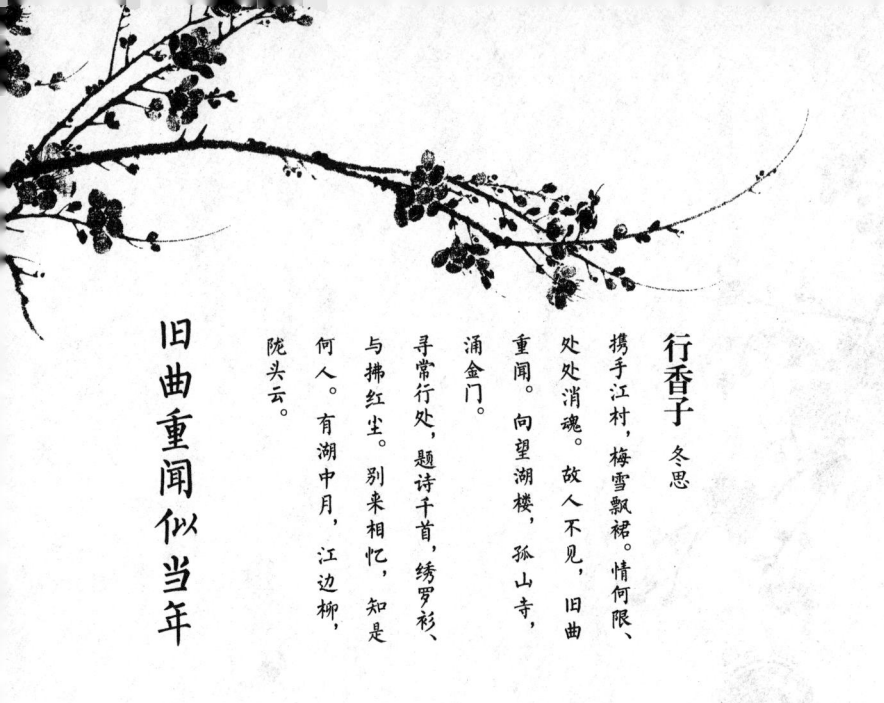

    苏轼是一个无友不欢的人,他喜欢热闹,不喜欢冷清。任何一个人都可以成为他的朋友。苏轼对子由①说:"我上可以陪玉皇大帝,下可以陪卑田院乞儿,眼前见天下无一个不是好人。"苏轼晚年被贬到汉人稀少的海南岛上,他仍然旧习不改,到处去找当地人聊天。庄稼汉在大学士面前无话敢说,苏轼就让他们讲鬼故事。若一天没有客人造访,他就浑身不舒服。

    种善因者,必得善果。不管到哪里,苏轼的身边总是不乏可爱又可敬的朋友,即使不在身边,他也要用诗词、信笺把朋友拉到身边。翻开苏轼的诗词集,会发现大量的"赠某某""怀某某""别某某""寄某某"……每一个友人的名字都是上天赠予的礼物。

"述古"是苏轼友人陈襄的字,陈襄时任杭州知州,与苏轼是同僚兼诗友。两人过从甚密,多有诗词往来。苏轼在杭州通判任上时所作诗词中提到的"太守"多是指陈襄。在日后的送别词《诉衷情·送述古迓元素》中,苏轼曾夸赞陈襄的诗才:"钱塘风景古来奇。太守例能诗。"

宋神宗熙宁六年(1073年)十一月,苏轼以杭州通判的身份奉命前往常州、润州、苏州、秀州一带赈灾,次年正月经过丹阳(今属江苏镇江市)时,怀念在杭州的陈襄,有感而作此词。

当你思念一个人的时候,你常常会想,他此刻是否也在思念自己?如果是,那么他会如何思念自己?唐天宝年间,困局长安的杜甫,看到月亮,思念身在鄜州的妻儿,写下了这样的诗句:"今夜鄜州月,闺中只独看。遥怜小儿女,未解忆长安。"他不写自己的思念之心,而写被人思念的情景,却更显得悲婉微至,精丽绝伦。

这种"心已驰神到彼,诗从对面飞来"的写法被称为"借人映己",苏轼的这阕《行香子》同样是妙用这一手法的佳作。

正月,春天待来,冬天未去。这几天阳光明媚,但在户外的话,时不时的寒风依旧砭人肌骨。苏轼不怕忙、不怕闲、最怕闷,终于还是决定一个人出去遛遛。他走到驿馆附近的园中,满眼枯枝寥落，不见一丝春意。一丛寒梅跃入眼帘，花瓣正如雪片般徐徐飘落，地上的"梅雪"几乎遮掩了崎岖小径。

太守陈襄前几日曾寄诗给苏轼。其中有两句是这样写的："犹忆去年离别处，乌啼花落客沾衣。"又见花落，不见故人，陈襄此时是否也在外踏春呢？外出踏春的陈襄，身边会是谁呢？也许会携手歌妓吧。携手歌妓的陈襄，是否也会遇到梅花飘雪？苏轼眼前渐渐浮现出清晰的场景：今日陈襄也在外探梅访春，梅雪飘然洒落在同行歌妓的衣裙上……

杭州的景色仍旧像记忆中那样迷人。置身其中的陈太守有佳人相伴、美景可餐，却一点儿都打不起精神，但觉处处美景只为销魂。试问世间何物最销魂？南朝江淹曾一语道尽："黯然销魂者，唯别而已矣。"离别最销魂，古今一般同。

陈太守忽闻湖边楼上有唱曲的，细辨其声，不正是苏轼的佳作吗？旧曲重闻，故人不见，令人好生伤感。想当年——其实苏轼外出赈灾也没有多久，不过两三个月而已。可为什么却觉得已有那么久了呢？是因为"一日不见，如隔三秋"的道理吧。想当年，与苏轼在望湖楼（望湖楼一名"看经楼"）读经斗法、望湖赏月，在孤山寺寻访旧迹、与和尚攀谈，在涌金门登高远眺、极目云天，真是何其痛快！

陈襄与苏轼外出游玩时，常常诗词酬唱，高兴了还会随笔题

写在石上、壁上。苏轼记得,写过这样一首诗给陈襄:

草长江南莺乱飞,年来事事与心违。
花开后院还空落,燕入华堂怪未归。
世上功名何日是?樽前点检几人非。
去年柳絮飞时节,记得金笼放雪衣。

陈襄回应的和诗大概是:

春阴漠漠燕飞飞,可惜春光与子违。
半岭烟霞红袖入,满湖风月画船归。
缑笙一阕人何在?辽鹤重来事已非。
犹忆去年题别处,鸟啼花落客沾衣。

"可惜春光与子违",一句话竟然要生效这么多次,真是残忍。携妓出游的陈襄,大概还会行经两人题写过诗词的地方吧。陈襄看到的,会是什么样的景象?当时一同题写的诗词,是否还是原样?会不会重演"碧纱笼"的典故?

宋人吴处厚在《青箱杂记》一书中记过一则本朝逸事:宋真宗时期名臣寇准曾经与隐士魏野同游过一所寺院,都题写了诗文在寺院墙壁上。后来,两人又一起来游玩,到了题诗之处,只见寇準的诗早已被"碧纱笼"罩护了起来,完好无损,而魏野的诗却裸露在外,沾满了灰尘。世人势利,令人唏嘘,寇準与魏野两人相视无语。恰在此时,只见一名同行的官妓走上前去,用衣袖将魏野题诗上的灰尘轻轻拂去。尴尬顿时解开,真是一位聪慧的女子。魏野于是吟诗两句:"若得常将红袖拂,也应胜著碧纱笼。"寇準大笑。

苏轼猜测,杭州各寺的僧人是否也会势利地将太守和通判的题诗区别对待?若陈太守遇到此景,他身边那名歌妓是否会上前将自己的诗拂拭干净?

苏轼开始盘算,在那杭州"好湖山"里,都有谁会思念自己呢?肯定有"湖中月""江边柳"和"陇头云"。月犹如此,柳犹如此,云犹如此,陈太守也不会例外吧!

"一日不见,如隔三秋"的可不只是恋人。真正的朋友,是孕育在不同躯体里的同一个灵魂,所以分离片刻就会互相思念。

注释

①子由:即苏轼的弟弟苏辙(1039年—1112年),字子由,北宋文学家,"唐宋八大家"之一。

亦师亦友老仙翁

西江月
平山堂

三过平山堂下,半生弹指声中。十年不见老仙翁。壁上龙蛇飞动。

欲吊文章太守,仍歌杨柳春风。休言万事转头空,未转头时皆梦。

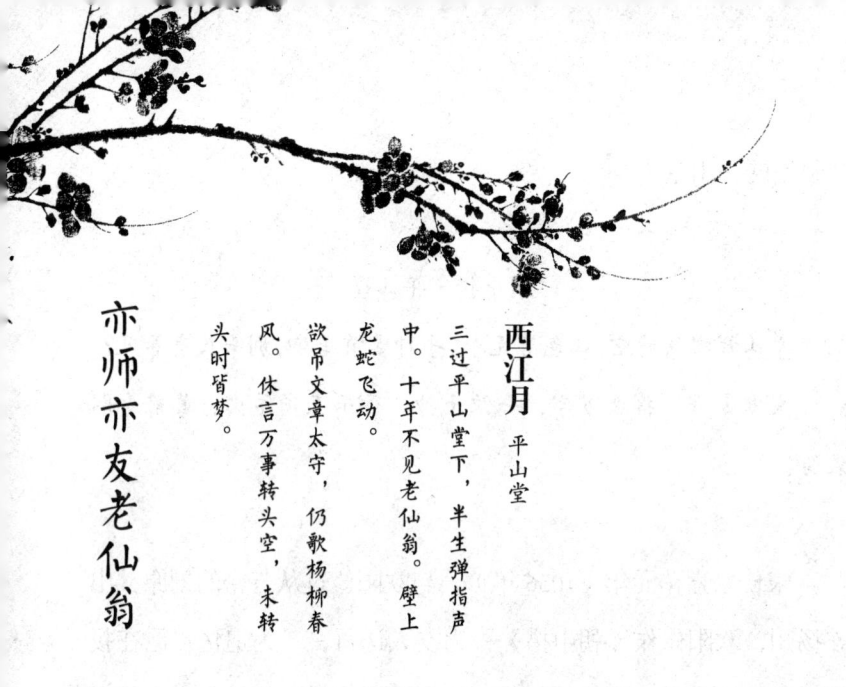

平山堂在扬州城西北大明寺侧,宋仁宗庆历八年(1048年)欧阳修任扬州知州时所建,叶梦得称赞此堂"壮丽为淮南第一"。由于其所在地势甚高,江南诸山拱列槛下,历历在目,似与堂平,所以名为"平山"。这名字霸气外露,显露了欧阳修的豪情。

平山堂虽雄奇,但和中国古代所有土木建筑一样,禁不起风雨侵蚀,在后世屡修屡废。到了清初王士禛笔下,只剩下了"一抔土","无片石可语"。然而从此地经过的文人墨客无不吟咏缅怀,其奥秘就在于"以欧苏之词,遂令地重"。

中国古代的文人很少以纯粹的自然景观入诗,一般来讲,景致、典故、诗词是三位一体的。胜地激起诗人的诗兴,名家名诗又成就了一个个地名。要读懂苏轼笔下的平山堂,得先认识欧阳修眼里的平山堂。

朝中措·平山堂

平山栏槛倚晴空，山色有无中。手种堂前垂柳，别来几度春风？

文章太守，挥毫万字，一饮千钟。行乐直须年少，尊前看取衰翁。

宋仁宗嘉祐元年（1056年），与欧阳修过从甚密的刘原父出守扬州，欧阳修作《朝中措》一为友人送行，二为追忆自己在扬州的激情岁月。一别维扬数年，醉翁欧阳修最念的是平山堂前亲手种的垂柳。"几度春风"写得深婉离情，但思而不伤，反而给人以欣欣向荣、器宇轩昂之感。

"文章太守"经常被后人误解为是欧阳修自状，其实他写的是刘原父。史称刘原父才思敏捷，有一次一口气连拟九道诏书，倚马而成。刘原父十分博学，欧阳修读书每有疑问便去信请教，刘原父得信后往往即刻挥笔作答，"答之不停手"，故云"挥毫万字"。与醉翁作友，"一饮千钟"想来亦是常情。欧阳修赞友人为"文章太守"，却自谦为"尊前衰翁"。

怪不得后人误会，"文章太守，挥毫万字，一饮千钟"与欧阳修的形象也并无半点不合。苏轼的这首《西江月》中的"文章太守"指的就是欧阳修，苏轼记忆中恩师的模样一直是神采奕奕的"老仙翁"。

苏轼"三过平山堂",这第三次是在宋神宗元丰二年(1079年)四月自徐州移知湖中,途经扬州时。每一次路过扬州,苏轼都会来平山堂凭吊恩师,之前两次分别是宋神宗熙宁四年(1071年)出任杭州通判、熙宁七年由杭州移至密州,分别经过扬州。

第三次经过平山堂,苏轼已四十四岁了,怅然回首,弹指间半生倏忽而过。自己与恩师分别已有近十年了。斯人已逝,字迹犹存,平山堂壁上龙蛇飞舞的遗草,字字句句挥洒着老仙翁的风采。

苏轼记得,最后一次师生相见是在熙宁四年(1071年)。那年苏轼绕道颍州去看望业已致仕的欧公。一位仙风道骨的文坛盟主和一位风头正盛的后起之秀,在颍州西湖设宴畅饮。欧阳修自称"醉翁",但酒量不佳,自称"饮少辄醉"。苏轼性爱美酒,但亦不善饮,不过他美其名曰"我性不饮只解醉,正如春风弄群卉"。同样爱酒而不善饮的师生二人,宴饮之乐不在酒,而在酒后的壮怀激烈、豪气干云。苏轼有诗《陪欧阳公燕西湖》纪一时盛景:

谓公方壮须似雪,谓公已老光浮颊。
揭来湖上饮美酒,醉后剧谈犹激烈。

谁料此次竟成永别，次年欧公就驾鹤西游了。闻听噩耗，苏轼含泪写下祭文："上为天下恸，恸赤子无所仰庇；下以哭其私，虽不肖而承师教。"

苏轼当年参加科举考试，欧阳修是主考官。参与阅卷的梅尧臣推荐来一篇晓畅通达的古文风格试卷，让欧阳修取为第一。欧阳修看到文章一见倾心，但怀疑这份试卷出自门生曾巩之手，害怕惹来闲话，于是委屈它做了第二名。后来才知道这是苏轼的作品。苏轼及第后，便拜入欧公门下，从此结下师生之谊。

在众多门生中，苏轼最得恩师之心。欧阳修曾对梅尧臣说："读轼书，不觉汗出，快哉快哉！老夫当避路，放他一头地也，可喜可喜！"在欧阳修眼里，苏轼就是下一代文坛盟主无疑，并预言三十年后世人将不再谈论自己。面对可畏后生，欧公非但没有动任何嫉贤、恋栈之意，反而公开赞赏，主动"放他一头地"。

因为欧公关心的不是个人名望，而是文统、道统的传续，他对苏轼的欣赏也不只是文才，更包括人品、气度、志向。他曾对苏轼说："我老将休，付子斯文。"在外人看来，他们师生传接的是至高的荣誉，只有他们两个知道，荣誉背后是沉甸甸的道义担当。苏轼记着欧公的谆谆教诲："我所谓文，必与道俱。见利思迁，则非我徒。"

欧公一生倡导士人的担当精神，原本"论卑气弱"的时代风气，自欧阳修一出，焕然而变，读书人纷纷"以通经学古为高，以救时行道为贤，以犯颜纳说为忠"。然而由于直言敢谏，欧公屡遭贬谪，直至释位而去，归隐泉林。

苏轼乍言"欲吊文章太守"，话到嘴边却吞了下去，转口歌唱"杨柳清风"。因为他知道，"文章太守"的文与道都交付了自己，唯有暗自守持，吊之无益，倒不如歌些"杨柳春风"与恩师解闷。

白居易《自咏》诗说得轻巧："百年随手过，万事转头空。"但"转头"是那么轻松的事吗？或尘缘未了，或六根不净，"未转头"的都是梦中人。明知是梦，也不得不尽力把这梦做下去。"休言万事转头空，未转头时皆梦"，这不是消极避世，而是参透之后的执着选择。

黄宗羲说，科举制兴起后，师道就亡了。每次科考，都能批量产生一堆恩师和门生的关系。的确许多"师生"关系徒有其名，实质上不过是一种应酬的对象和攀援的途径罢了。但欧阳修与苏轼虽也由科举成就，性质却截然不同。

最理想的师生，不仅是"传道、授业、解惑"，而且是相知、默契的友人。欧阳修与苏轼，恰是这一种。奖掖和推崇不难，难的是被奖掖的名副其实、被推崇的不负人望。

虞美人

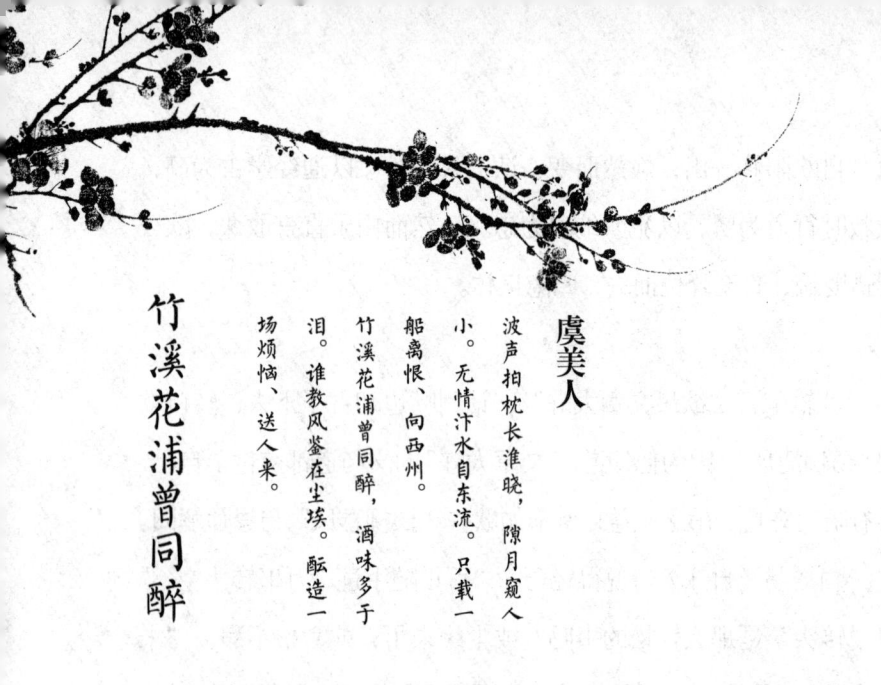

波声拍枕长淮晓,隙月窥人小。无情汴水自东流。只载一船离恨、向西州。

竹溪花浦曾同醉,酒味多于泪。谁教风鉴在尘埃。酝造一场烦恼、送人来。

宋神宗元丰七年(1084年)十一月,苏轼到高邮与秦观相会,秦观一直把他送过淮河才依依作别。秦观有词:"两情若是久长时,又岂在朝朝暮暮。"但相见急、别离久,谁又能轻易割舍,等待下一次相会?

苏轼与秦观,是宗师与门生,是诗友也是知己,秦观还是传说中的苏小妹的情郎。"苏门四学士"中,苏轼最得意的便是这位"有屈、宋之才"的秦观。

秦观乃"古之伤心人",写的词都像在泪水中浸泡过一样,揪心的愁恨从心底源源不断地流出:"便作春江都是泪,流不尽,许多愁。"苏轼或许受其感染,这阕《虞美人》也凄恻婉转得令人心碎。

苏轼的成名，得助于文坛前辈欧阳修的提携，若无醉翁"让此人一头地"的名人效应，苏轼或许还要多等几年才能被流俗"发现"。自古而今，文脉不绝的秘密就在于薪火相传，庄子说："指穷于为薪，火传也，不知其尽也。"一旦苏轼登上文坛盟主的位子，他便将自己曾得过的礼遇施于后进。

众星拱月乃天然之理，孔子有七十二贤人，苏轼也有"苏门四学士"：黄庭坚、秦观、晁补之和张耒。四人日后都名满天下，黄庭坚还开创了江西诗派，得与苏轼齐名，并称"苏黄"。但他们在人微名贱时，却是苏轼慧眼识英，将他们从无名之辈中拣选出来。苏轼自己说：四学士"皆世未之知，而轼独先知"。

说起苏轼与他们每个人的相遇相知，都是一段佳话。

晁补之最早拜入苏门。晁补之知苏轼之名，读苏轼之书时，年仅十五。十七岁时，晁补之随父亲晁端友赴任杭州新城令，持记述钱塘风物的《七述》一文拜谒时任杭州通判的苏轼。苏轼赞道："吾可以搁笔矣。"晁补之曾为苏轼"不谐音律"的新词辩护，称其"横放杰出，自是曲子中缚不住者"。

苏轼早在杭州任上时就见过黄庭坚的诗文，并击节赞赏。六年后，黄庭坚投寄书信和赠诗给苏轼。再九年后，两人才终于见到第一面。此前的十五年里，两人相知相慕、心神两契，诗词唱和多达百篇。后人观此方知，以文会友并非虚言。

张耒因苏辙结识苏轼，拜入师门后终身秉持苏轼的文章之道。

苏轼、苏辙兄弟和其他苏门学士相继亡故后,张耒独守师道,惨淡坚持。南宋高宗即位后,给苏轼等人平反,赠张耒集英殿修撰,诰词说:"四人以文采风流为一时冠,学者欣慕之及继述之。"

最具传奇色彩的,还是苏轼与秦观的结缘。

两人未相识时,秦观得知苏轼将经过扬州,于是模仿苏轼的笔迹和文风在一山寺中题诗。苏轼来了之后,大吃一惊,竟然辨不出和自己的"真迹"有何区别。后来见到孙莘老,后者拿出秦观的数十篇诗词向苏轼推荐,苏轼读过之后才恍然大悟,意识到之前那个题字的"多事少年"是秦观。

秦观少年豪俊,壮志凌云,攻读兵书,一心征战沙场,自信满满地认为"功誉可立致,而天下无难事"。一个才致高蹈,一个年少风流,苏、秦交游自然留下不少典故。

苏轼填词总是暗中与柳永比较高下。一次,秦观入京见苏轼,苏轼批评他:"不意别后,你却学柳永作词。"秦观辩称:"我虽无识,也不至于如此。"苏轼只好念出秦观新词中"销魂当此际"一句,秦观方默然不答。

后人则附会了更多的典故,如苏小妹的故事。苏轼并无妹妹,冯梦龙却在《三言二拍》中有鼻子有眼地"记载"了《苏小妹三难新郎》的故事,说苏小妹"比文招亲",秦少游[①]过关斩将……

然而现实中的世事却是艰难而苦涩的。"竹溪花浦曾同醉"当然是有的,"人人尽道断肠初。那堪肠已无"却是秦观更深的感触。秦观三十七岁才中进士,四十三岁才谋得秘书省正字一职。与苏轼的交往并未给秦观带来多少好运,反而被苏轼的厄运连累。苏轼被流放岭南时,秦观即被当作"余官之首"遭受迫害。

秦观有苏轼的风流,无苏轼的达观,遭贬后满纸都是"乡梦断,旅魂孤""天涯旧恨,独自凄凉人不问""飘零疏酒盏,离别宽衣带"。绝望消沉之际,他自作挽词,为即将结束的生命提前哀悼。

苏轼到雷州半岛时,遇到了已先贬至此地的秦观。秦观告诉苏轼其他三位苏门学士的下落:"起初,朝廷起复张耒为黄州判官,今又移知兖州;晁补之本为信州监酒税,今又迁为吏部郎中兼国史院编修;黄庭坚不赴鄂州监税,畅游眉山去了。"昔日的雅集盛会,而今已被雨打风吹散。苏轼感叹:"我今已老矣,不知能否与他们相见。"

不幸中的万幸,两人在天涯尽头还相见一场。那天晚上,天降滂沱大雨,苏轼作《雨夜宿净行院》诗:"芒鞋不踏利名场,一叶轻舟寄渺茫。林下对床听夜雨,静无灯火照凄凉。"

苏轼得知秦观自作挽词时已有不祥的预感,他却没有料到最后的凄凉竟来得如此急迫。元符三年(1100年),宋哲宗驾崩,迁臣多被召回,苏轼和秦观都在列。当年五月,秦观行至滕州,出游光华亭,索水欲饮,水至,笑视而卒。这位命运多舛的才子,在生命的最后一刻终于看破了生死大限。

　　苏轼听闻秦观的死讯,"两日为之食不下",叹云:"少游已矣,虽万人何赎。"他自会想到"竹溪花浦曾同醉",也应记起"静无灯火照凄凉"。朋友就像上天随意撒下的礼物,你不知道何时会被派来,也不知道何时会被收去。当朋友到来时,你满心欢喜;当他离去时,你怅然若失;当他一去万里、不复返回时,你无可奈何。

注释

①秦少游:即秦观(1049年—1100年),字少游。被尊为婉约派一代词宗。

八声甘州 寄参寥子

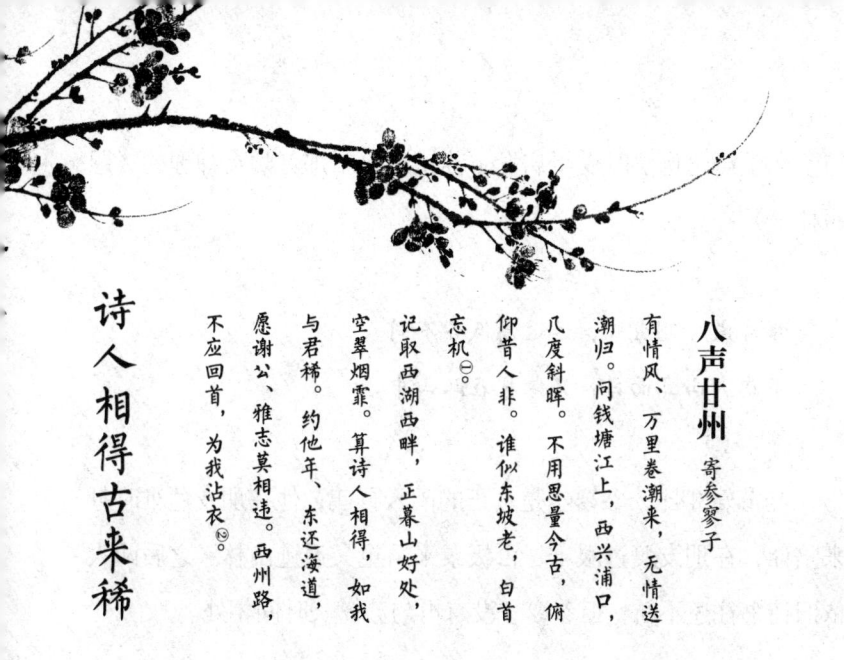

有情风、万里卷潮来,无情送潮归。问钱塘江上,西兴浦口,几度斜晖。不用思量今古,俯仰昔人非。谁似东坡老,白首忘机。㈠

记取西湖西畔,正暮山好处,空翠烟霏。算诗人相得,如我与君稀。约他年、东还海道,愿谢公、雅志莫相违。西州路,不应回首,为我沾衣㈡。

诗人相得古来稀

参寥子即僧道潜,是苏轼同时代的一位著名诗僧。顾名思义,诗僧即能诗的僧人。根据唐人刘禹锡的观察,诗僧多出于人杰地灵的江东地区,参寥子也不例外,他的家乡在於潜,今天的浙江境内。诗僧之诗与俗士之诗有所不同,正如白居易《题道宗上人十韵诗序》所说:"文为人作,为法作,为方便智作,为解脱性作,不为诗而作也。"

苏轼在徐州任上与参寥子相识,两人一见如故,结为莫逆之交。参寥子以精深的道义和清新的文笔为苏轼所推崇,苏轼称之为"新诗如玉屑,出语便清警"。苏轼被贬谪黄州,参寥子不远千里赶去,在他贫寒的家中住了一年光景。苏轼离开黄州时,参寥子与他同行,两人结伴去游庐山。在这次游庐山期间,或许是与参寥子辩论佛法时受了启发，苏轼作出了那首颇富禅理的《题西林壁》：

横看成岭侧成峰，远近高低各不同。
不识庐山真面目，只缘身在此山中。

与苏轼相比，参寥子是真正的闲云野鹤，他在朋友危难时赶来陪伴，在朋友渡过艰难、否极泰来后重又遁迹山林。之后两人依旧诗书往还不断，但参寥子没有再与苏轼长时间相处。

苏轼离开黄州后，本打算寻一处江山静好之地安享晚年，所谓"十年归梦寄西风，此去真为田舍翁"。但命运偏不遂人愿，强行将一只脚已踏进田舍的苏轼安排进一条官场的顺风快船。

神宗皇帝驾崩，小皇帝继位后由太皇太后高氏垂帘听政。高太后一向反对新法，主政后全力摈斥新党，起用保守派大臣司马光、吕公著、文彦博等人，"以复祖宗法度为先务，尽行仁宗之政"。苏轼被这股东风吹着扶摇而上，一年之间擢升三次，最后做了四品中书舍人，负责替皇帝草拟诏书。

这等如意事是该得意的，但却不合苏轼的心愿。在一首诗里，他得了便宜还卖乖似的写道："岂意残年踏朝市，有如疲马畏陵坡。"山坡是马儿的赛道，但苏轼这匹马却对旧赛道心生倦意。他想要换一个不需要比赛的地方，悠然来往，没人羡慕也没人嫉恨。面对不得不回归的官场，苏轼在给米芾的信里说："衰病之余，乃始入闹，忧畏而已。"

苏轼也许早就料到，自己不能在青烟缭绕的朝堂里撑持太久。因为在京都，繁华富贵背后的真实逻辑其实是钩心斗角。而这正是苏轼最不擅长的。果然，未过几年，不期然成为"蜀党"领袖的苏轼不堪党派交攻，于是自请外放，再次来到杭州。

苏轼相信他前生曾居住在杭州。

有个故事，说某天苏轼去游寿星院，一进门觉得所见景物像梦中一样熟悉，他告诉同游者走九十二级便到忏堂，结果证明他说对了。他还把寺院后面的建筑、庭院、树木、山石，向同行人一一描述。

当他任满又一次告别杭州时，依依之情自然满怀。而这一次，还多了一个理由让他难启离程——参寥子。苏轼在杭州的这几年，参寥子恰在这里。这首《八声甘州》便作于此时。

"有情风、万里卷潮来，无情送潮归。"潮来潮去，人聚人散都有定数，有情、无情只是诗人的妄念。但诗人相得乃世间稀事，苏轼对僧友谈妄念也情有可原了。

苏轼与参寥子，不需要这样夸张的声势和拔高的意义。他们的交往甚至没想到会被后人记住，默契与得意都在轻薄的书简中悄悄传递，只有极少数典故流传下来，给后人做想象的酵母。

其中一则是苏轼在自己的笔记《东坡志林》中记录的：苏轼晚上做了一个梦，梦到参寥子携一卷轴来访。写的是一首诗，其中两句云："寒食清明都过了，石泉槐火一时新。"苏轼纳闷，清明改火是习俗，但泉为什么也是新的？参寥子答：在清明节淘井也是习俗。醒来之后，苏轼想，当续成其诗，以纪其事。

苏轼提笔记下这个梦的时候，肯定想到了他第一次读到的参寥子的诗句：

风蒲猎猎弄轻柔，欲立蜻蜓不自由。
五月临平山下路，藕花无数满汀洲。

那"与林逋上下"的清绝和天然流露的自由野性，像一滴清露压弯新叶一样，打动了苏轼，也为后来的梦种下前因。

注释

① 忘机：消除机心。《庄子·天地篇》云："有机械者必有机事，有机事者必有机心"。
② "约他年"五句：据《晋书·谢安传》载，谢安东山再起后，时时不忘归隐，但终究还是病逝于西州门。羊昙素为谢所重，谢死后，一次醉中无意走过西州门，觉而大哭而去。词人借这一典故安慰友人：自己一定不会像谢安一样雅志相违，使老友恸哭于西州门下。

荣辱悲欢共手足

苏轼与苏辙,手足兼知音,向来是文坛佳话。两人自幼一起长大,同戏同学,不论登山临水还是舞文弄墨,未尝一日相舍。出仕后,悲欢离合之事日多,但『手足之爱,平生一人』从未改变。政治上荣辱与共,生活上同甘共苦,精神上相互勉励,这样的兄弟之情读来令人感动、羡慕。

二苏胸中万卷书

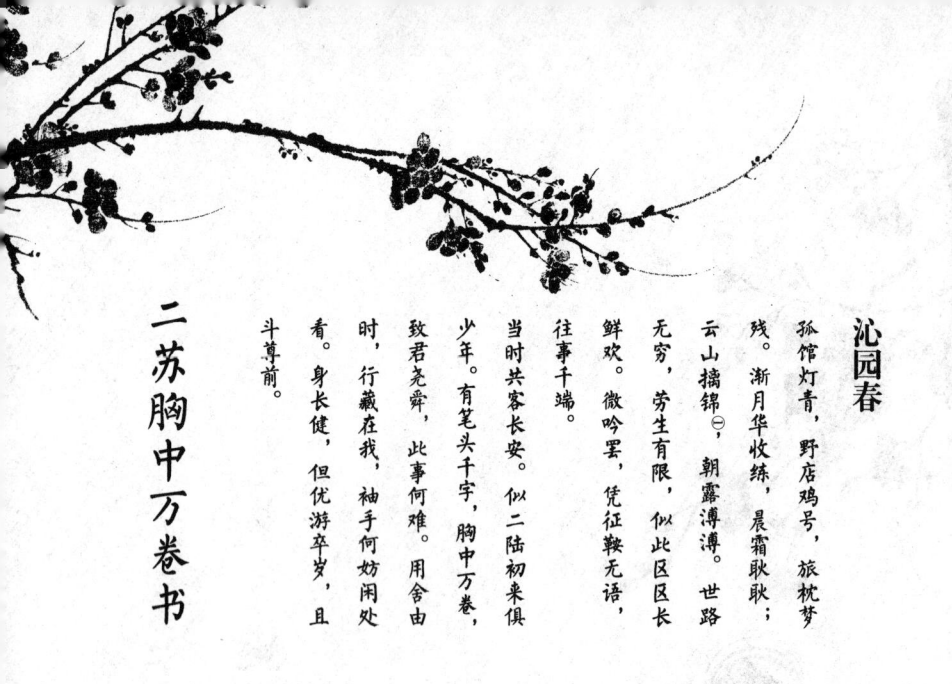

沁园春

孤馆灯青,野店鸡号,旅枕梦残。渐月华收练,晨霜耿耿;云山摛锦[一],朝露漙漙。世路无穷,劳生有限,似此区区长鲜欢。微吟罢,凭征鞍无语,往事千端。

当时共客长安。似二陆初来俱少年。有笔头千字,胸中万卷,致君尧舜,此事何难。用舍由时,行藏在我,袖手何妨闲处看。身长健,但优游卒岁,且斗尊前。

那年还是仁宗皇帝在位,苏轼与苏辙兄弟俩同登进士第,一时名震京都。当时苏轼二十二岁,苏辙十九岁。"春风得意马蹄疾,一日看尽长安花。"当父亲苏洵听到二子双双中了进士而且都名列前茅时,别人问他考进士难不难,父亲写了一首打油诗:

莫道登科易,老夫如登山。
莫道登科难,小儿如拾芥。

苏洵多次应举不中,科考一直是他心中的一个结。父亲心中的块垒,终于被二子登科的喜讯冲化开了。苏轼还记得,父亲到处去喝酒,一遍又一遍地跟人讲两个孩子名字的含义:

"'轼'是车子前的扶手，虽然没有实际用处，但离开'轼'就不是一辆完整的车了。大儿子才华横溢，狂放不羁，不拘小节，但过于外露，太不懂得掩饰自己，就像没有'轼'的车一样，会让人感到唐突压迫，取名为'轼'，就是让他学会保护自己；'辙'是行车时在地上留下的车轮痕迹。小儿子沉静内敛，就像车辙一样。车辙有其可怜之处，天下所有的车都是通过车辙前行的，但人们论功的时候，不会想到车辙。不过如果车子翻了，车辙也不会受影响。不居动，亦无倾覆之患。这是对小儿子的勉励。"

　　当时就有人把苏轼、苏辙兄弟和西晋的"二陆"相比。"二陆"是指西晋的陆机和陆云，他们出身名门，祖父是吴国名将陆逊，父亲陆抗曾任东吴大司马，领兵与魏国羊祜对抗。陆机二十岁时，吴国被江北的晋吞灭。吴国亡后，陆机、陆云隐退故里，十年闭门勤学。晋武帝太康十年（289年），陆机和陆云来到京城洛阳拜访时任太常的著名学者张华，张华与他们交谈之后大为赞赏，说了一句话："伐吴之役，利获二俊。"似乎晋国伐吴最大的战利品就是这两个青年才俊。这句话使"二陆"名气大振，便有了"二陆入洛，三张（指当时的知名学者张载、张协和张亢。）减价"之说。

　　栖身开封的苏轼、苏辙，风光丝毫不输当年在洛阳的陆机、陆云。苏轼甚至信誓旦旦地表示过，"二苏"的成就一定要超过"二陆"。胸中藏有万卷诗书，下笔可就千字之文，"致君尧舜"

何难之有？私下里苏轼曾对苏辙说："吾视今世学者，独子可与我上下耳。"分明不将世人放在眼里。

历史上"兄弟阋于墙"甚至同室操戈的例子并不少见，若非如此，古人也不会用永远见不了面的参和商两个星宿比喻兄弟失和。兄弟间即使关系和睦，也往往各有所好。以致最广为流传的"手足之情"竟都是刘关张之类的异姓结义。所以苏轼、苏辙这样的手足兼知音，殊为难得。

黄庭坚称他们是："二苏上连璧，三孔立分鼎。"苏轼、苏辙两人自幼一起长大，同戏同学，不论登山临水还是舞文弄墨，未尝一日相舍。两人又同登进士。入仕之后，由于政见相同，更是互为掎角，同进同退。所谓"手足之爱，平生一人"，一点儿不虚。

可惜官家不恤私情，出蜀之后苏轼和苏辙便异地为官，长年累月不得见。虽说每到一地，苏轼便有诗文寄给苏辙，但毕竟纸上传情终觉浅。

宋神宗熙宁七年（1074年），苏轼在杭州的任期届满。他的弟弟苏辙这时正在山东齐州任职。为与弟弟接近，苏轼乃向朝廷请求调到山东任职，他的请求得到批准，被任命为山东密州太守。

苏轼赴任途中，本打算绕道齐州去探视苏辙，却未能如愿。在那个交通工具只有舟马、一次行程动辄几个月的年代，亲友间每次会晤都会格外珍惜,每次分离都会格外伤感,而丧失一次相会的机缘就好像多了一次依依惜别的伤感。苏轼只好在去密州的途中写词相寄,这首词也就有了副题——赴密州早行,马上寄子由。

野外驿馆的灯闪闪晃晃,不情不愿地吐着微弱的火苗。昨夜来投宿的旅人已早早起来开始收拾行装。苏轼没有工夫回味昨天晚上那个还没有收尾的梦,就背着行囊匆匆走出门去。鸡才刚开始叫,天色尚早,这却不是可以迟留的理由,而是要尽快上路的信号。

这路,要走到哪年哪月才是尽头?在到尽头之前,是不是每个人都只有不断奔波的宿命?如果说,走很久很久以后,走过千山万水,有一个宁静美好的尽头等着自己,那么之前的羁旅之苦还可以理解。可是,有所谓的尽头存在吗?

小时候,苏轼以为好好读书,将来中举、做官,之后的道路就一目了然了。兄弟俩一起中举之后,母亲却不幸病故,他们只好回家守三年丧。守完丧出来做官,以为凭着自己的才能,按部就班就能实现"致君尧舜上,再使风俗淳"的理想,没想到却逢王安石一派"新党"当政,司马光、苏轼、苏辙都被排挤出了朝廷。

但苏轼还没有走到看空功名事业的人生阶段,发一些感慨并不意味着要消沉。他明白目前不是自己兄弟的用武之机，但来日方长，乘风破浪会有时，直挂云帆济沧海……

子曰："用之则行，舍之则藏。"用与不用，是由时运决定的，何必多费心思，反正"天生我材必有用"。"袖手何妨闲处看"，现在朝堂上的那些得意之辈，且由他们去折腾，我们不妨闲居终日、袖手旁观。"优哉游哉，聊以卒岁"有何不好？还可以邀几个朋友，觥筹交错，歌舞行乐。

苏轼没有道出的潜台词是：让他们闹吧，等他们收拾不了局面了，我们再出来"结人心，厚风俗，存纲纪"（语出苏轼《上神宗皇帝书》）。笑到最后的人，才笑得最好。

传说宋神宗看到苏轼的这首《沁园春》之后很生气，立即下诏把苏轼贬到黄州，说："就让他苏某人去闲处袖手旁观吧，看朕与王安石怎么治理天下。"这则野史自然不可当真，但苏轼这首词中明显露出的桀骜不驯却一点儿不假。

注释

① 擗锦：铺开锦缎。形容云雾缭绕的山峦色彩不一。

水调歌头

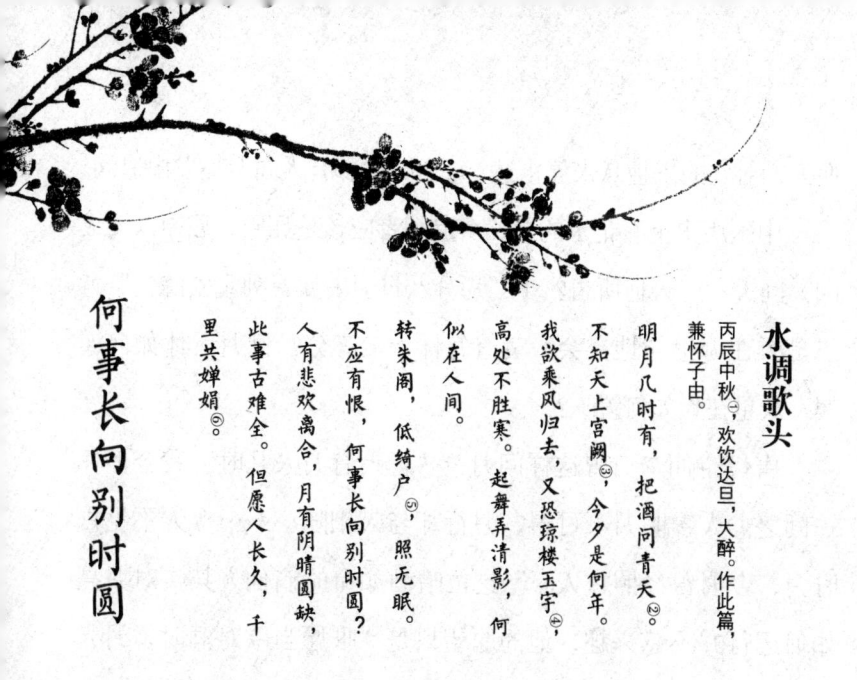

丙辰中秋①,欢饮达旦,大醉。作此篇,兼怀子由。

明月几时有,把酒问青天②。不知天上宫阙③,今夕是何年。我欲乘风归去,又恐琼楼玉宇④,高处不胜寒。起舞弄清影,何似在人间。

转朱阁,低绮户⑤,照无眠。不应有恨,何事长向别时圆?人有悲欢离合,月有阴晴圆缺,此事古难全。但愿人长久,千里共婵娟⑥。

最好的诗往往能堵住解读者的嘴巴,因为诗中已经把一切都道尽,多说一句都是累赘。你读的时候,觉得每一句都明白易懂,好像每个人都能写出来,只不过碰巧被这个诗人先写了而已。读过一遍,你认为已经完全领会到诗人的意思,可是再读一遍,却又能发现新的意思和韵味。

"人人心中皆有,个个笔下却无",非经妙手"偶"得,世间便永不会出现。这阕《水调歌头》就是此等天作之笔。

对地球上的人来讲,月亮是个奇特而美妙的存在。它每三十天圆满一次,又消失一次;它晶莹明亮却没有太阳的温暖;它即使在最亮的时候,身上也有挥之不去的阴影。它永远是一个谜,而人们对它的兴趣从未停止过,每个时代都有人向月亮发出追问。

中国历史上有记录的第一个追问者应该是屈原,屈原以《天问》问天:"天何所沓?十二焉分?日月安属?列星安陈?"意思是天在哪里与地交会?黄道怎样十二等分?日月天体如何连属?众星在天如何置陈?

唐代诗仙李白曾这样问月:"青天有月来几时?我今停杯一问之。人攀明月不可得,月行却与人相随。……今人不见古时月,今月曾经照古人。"这位嗜酒如命的谪仙人其实对月亮如何运行并不感兴趣,他的愿望只是"唯愿当歌对酒时,月光长照金樽里"。余光中说,李白是"酒入豪肠,七分酿成了月光,余下的三分啸成剑气,绣口一吐,就半个盛唐"。

到了张若虚的《春江花月夜》问世,诗人和月亮之间的对话达到高潮:"江天一色无纤尘,皎皎空中孤月轮。江畔何人初见月?江月何年初照人?人生代代无穷已,江月年年望相似。不知江月待何人,但见长江送流水。"

当苏轼写下"明月几时有,把酒问青天"时,其实是在接续前人的未竟之思。李白人称"谪仙人",是因为人们觉得他不是地上的凡人,而是天上的仙人被贬到了人间。古人常常认为有才华的人都是星宿下凡。苏轼说"乘风归去"而不说"乘风远去",显然也是自认为是"谪仙"了,所以把"天上宫阙"当成前世的家。

后来的事情表明，苏轼自称仙人并非全无道理。苏轼死后的前十年里，一切官衔全被剥夺。苏轼的所有著作严禁印行，凡石碑上刻有苏轼的诗文或他的字的，都被朝廷下令销毁。但是后来一位道士向"道君皇帝"宋徽宗奏称，自己看见过变身文曲星的苏轼在玉皇大帝驾前掌管诗文。宋徽宗闻听此说，匆忙给苏轼恢复了最高的官爵。

但苏轼却不是很乐意回归仙班，琼楼玉宇固然美好，但他怕"高处不胜寒"。传说唐玄宗曾被一位叫叶静的方士引导去月宫游览，到了之后发现"寒凛特异"，唐玄宗冷不能禁。苏轼莫不是也患上了"恐寒症"？"起舞弄清影，何似在人间"，他对人间的留恋是不是仅仅因为担心天宫太冷？

我们先来看当时的一位读者是怎样理解的。苏轼作这首《水调歌头》是在宋神宗熙宁九年（1076年），后来到了宋神宗元丰七年（1084年），苏轼正戴罪黄州，京城里到处都在传唱此词，宋神宗也被普及了。宋神宗读到"琼楼玉宇，高处不胜寒"，叹息道："苏轼终是爱君。"于是把苏轼调到了比黄州条件稍好的汝州。宋神宗大概是觉得，苏轼心系君王，所以不忍乘风归去，回归琼楼玉宇。

宋神宗很可能自作多情了。苏轼留恋人间，未必是感君恩，倒更可能是骨子里对尘俗生活的热爱。苏轼受老庄思想的影响很深,常常有"世事一场大梦""人生如寄"的感慨,但同时他又始终都在积极地面对生活、享受生活。苏轼是一个美食家,他不光发明了东坡肉、东坡肘子,而且善酿酒、精茶道,晚年到了岭南蛮荒之地,反而"不辞长作岭南人",只因可以"日啖荔枝三百颗"。

  月亮在诗词中出现从来不会只代表一轮"玉盘",月亮的阴晴圆缺,向来象征着人世的悲欢离合。苏轼作此词本就有"兼怀子由"的意义。苏轼请调密州本就是为了接近弟弟苏辙,密州与苏辙所在的济南并不远,不到词中所言的"千里",但由于两人都疲于官事,至今已有五年没有相见了。

  不懂事的月亮,在这五年间竟然每个月都圆那么一次,尤其以中秋为甚。就拿今夜来说,月光悄悄转过朱红的楼阁,低低地穿过雕花的门窗,蓦地照向屋里失眠的人。它就这样耀眼地照着,月光有多亮,不眠人的心中就有多凉。上一次兄弟相见是什么时候了?上一封通信又有几个月了吧,苏辙现在身体怎么样?跟同僚相处得融洽吗?月儿总无情,今夜最残忍。

  苏轼不准备跟月亮计较了。月亮运行自有其道,就像再亲密的人都会离离合合一样,此事古难全,人力难强求。与其跟不通情理的月亮较劲,倒不如许点儿实际的心愿。苏轼想到的,也应是"千里"之外苏辙想到的：但愿人长久，千里共婵娟。

但愿人长久，这句话就像"努力加餐饭"一样朴质有力，它道出了亲人对亲人再朴素不过的愿望。平平安安，不贪富贵贪长久。儿时母亲的精心呵护，长大后父亲的谆谆诱导，他们最大的愿望不就是儿子们可以长命百岁、一辈子开心快乐吗？而今父母早已西去，世间只剩下手足二人互相扶持、彼此慰藉了。纵不能联席共枕，共赏婵娟也好。

注释

①丙辰：熙宁九年（1076年）。
②把酒：端起酒杯。
③阙：皇宫门前两边供瞭望的楼。
④琼楼玉宇：美玉砌成的楼宇，指想象中的仙宫。
⑤绮户：雕花的门窗。
⑥婵娟：月亮的美称。

明月明年何处看

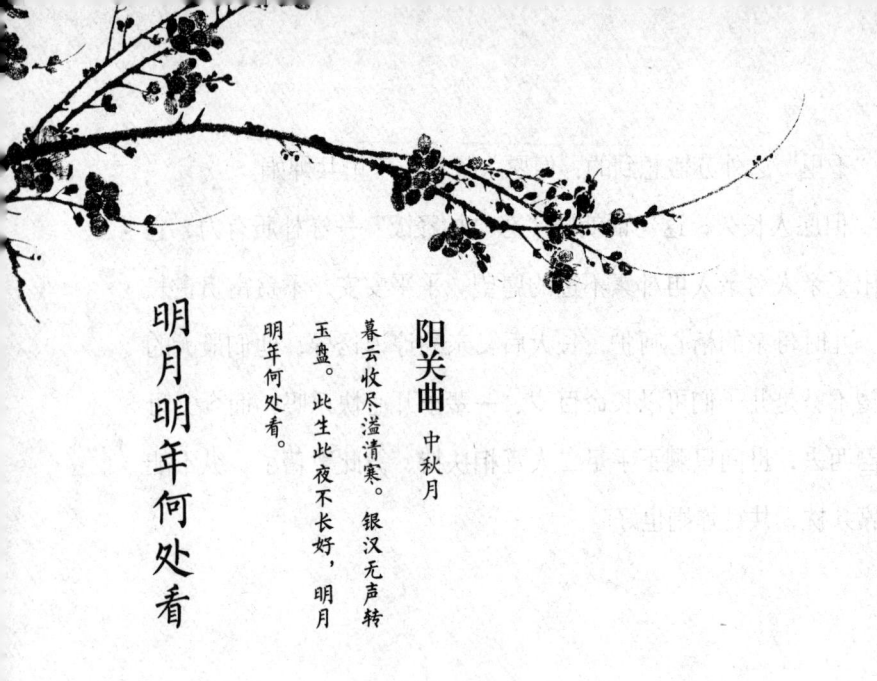

阳关曲 中秋月

暮云收尽溢清寒。银汉无声转玉盘。此生此夜不长好,明月明年何处看。

宋神宗熙宁九年(1076年)中秋,苏轼完成了那首著名的《水调歌头》,后世的评家称:"中秋词,自东坡《水调歌头》一出,余词尽废。"但苏轼最在乎的可不是这身后名,而是《水调歌头》的写作对象——弟弟苏辙。

好比"举杯消愁愁更愁",华美的词章非但不能缓解思念之苦,反而会引发更多的思念。一个月后,苏轼就又写了一首《画堂春·寄子由》:

柳花飞处麦摇波。晚湖净鉴新磨。小舟飞棹去如梭。齐唱采菱歌。

平野水云溶漾。小楼风日晴和。济南何在暮云多。归去奈愁何。

苏轼得知，苏辙在这个月（熙宁九年九月）将离开济南掌书记任，前往京城。这看起来是个好消息，因为王安石的新党刚刚失势，苏辙为了抓住难得的政治时机，连家眷都没有带，只带了要进呈皇帝的重要奏章就匆忙出发了。于是苏轼在密州作了这首词为弟弟送行。

在这首词的上阕，苏轼追忆的是五年前与苏辙同游陈州柳湖的情景。

宋神宗熙宁四年（1071年）七月，苏轼被外放任杭州通判。苏轼的离京是不情愿的，在之前的几年间，苏轼接连上书宋神宗，驳斥新法，要求罢免王安石。他没有赢得皇帝的信任，只招来了王安石新党的记恨和攻击。在苏轼被排挤出京的这一年，反对变法的旗帜人物司马光也被罢归洛阳，这意味着新党的全面得势。

在之前一年，同样反对变法的苏辙已经离开京城去地方上任。苏轼去杭州上任时经过陈州，而苏辙此时正在陈州任州学教授。兄弟俩相晤甚欢，共同度过了一段悠闲快乐的时光。

州学教授是个闲散清贫的差事，苏辙又养了好几个孩子，日子过得比较窘迫。苏轼曾经写打油诗嘲笑弟弟居住的房子："常时低头颂经史，忽然欠身屋打头。"伸个懒腰都能撞到头，可见房子之矮小。仕途遇挫，生活困顿，却不妨碍兄弟俩悠游畅叙。

苏轼在陈州待了很多天，一直过了中秋才走。在那些日子里，兄弟二人常到陈州的柳湖去划船，有时候到傍晚才回去。水面像新磨的镜子一样平静,看着夕阳静静地映在水中,兄弟俩边走边聊,谈论着家事、政治和各自的前途。跟苏辙相比,苏轼更容易激动,尤其在谈到朝中正在得势的那帮人的时候。苏辙会挑合适的机会向哥哥提出劝告,让他出言谨慎,以免祸从口出。

五年之后,苏轼忆起了他们在陈州柳湖泛舟的日子。这首《画堂春》上阕的"湖"是记忆中的,下阕的"水"是现实中的。水花的模样是差不多的,可这不是同一潭水,因为水上没有那叶熟悉的小舟。

苏轼问济南何在,济南不就在西边吗?可是西天的云彩遮住了视线。天色已晚,该回去了,可是人能回去,心中的愁怎么办?只能等到下一次相聚了。

题头的《阳关曲》本来是一首诗,名为《彭城观月诗》,用《阳关》曲唱出来就成了词。彭城是徐州的古称,可以知道是苏轼在徐州任上所作,具体的时间是宋神宗熙宁十年(1077年)。这首《阳关曲》见证的是苏氏兄弟又一次难得的相聚。我们之所以能知道这些,是因为苏轼十八年后在《书彭城观月诗》文中回忆过:"余十八年前中秋夜,与子由观月彭城,作此诗,以《阳关》歌之。"

宋神宗熙宁九年(1076年)年底,苏轼被调离密州,改派到河中府任职。履新之前他首先要去一趟京城开封,于是苏轼先去济南和苏辙的家眷会合。两家人久别重逢,欢喜非常,每天都有说不完的话。在济南盘桓了一个多月,次年春,两家人启程去开封。一行人马刚走到黄河边上,开封城还在几十里之外,就遇到了前来迎接的苏辙。分道多年的兄弟俩至此终于重逢。

我们无由得知他们兄弟在刚刚重逢的这几天里互相说了什么,可以确定的是,一行人马接下来走得更慢了。苏辙带来一个消息,苏轼调到河中府的任命已被取消,改任徐州太守。宋神宗熙宁十年(1077年)四月,苏辙随兄来到徐州任所,一直住到中秋过后才离去。

这真是一段珍贵得近乎奢侈的团聚,竟然还可以在中秋节一起赏月。"千里共婵娟"就像梦一样留在过去,而现在月下同酌、赋诗作对也像梦一样美幻。兄长写了一首《阳关曲》,弟弟也留下了一曲《水调歌头·徐州中秋》:

离别一何久,七度过中秋。去年东武今夕,明月不胜愁。岂意彭城山下,同泛清河古汴,船上载凉州。鼓吹助清赏,鸿雁起汀洲。

坐中客,翠羽帔,紫绮裘。素娥无赖,西去曾不为人留。今夜清尊对客,明夜孤帆水驿,依旧照离忧。但恐同王粲[①],相对永登楼。

离别七年,七度"千里婵娟"终换得一次"鼓吹助清赏,鸿雁起汀洲"。但重逢却往往与再次离别紧密相挨，苏辙心想，中秋一过，自己又要告别兄长了，前方宦途难测，自己兄弟千万不要像怀才不遇的王粲那样，后半生流落天涯。

　　苏辙的忧虑恰恰也是苏轼的忧虑。"此生此夜不长好，明月明年何处看。"在最幸福的时刻，他们兄弟不约而同想到的却是：今夜的美好不是永远的美好，今夜的月亮明年又要飞越千里了。当悲伤产生共振，那将不止是两倍的悲伤。

　　命运的残忍恰在于，两人的悲观预测竟被后来的事实给"验证"了。十八年后苏轼写《书彭城观月诗》怀念这次彭城赏月时，他正在又一次被流放的途中，这次的目的地是遥远而潮湿的岭南。然而异乎常人的是，当悲剧真的发生时，苏轼的表现却是"殊未觉有今夕之悲，悬知有他日之喜也"。他没有觉出悲伤，反而料定他日喜事会再次驾临。这种乐观怎一个"乐观"了得？

注释

①王粲：字仲宣，山阳高平人，三国时曹魏名臣，后到荆州依附刘表。王粲不被刘表重用，曾作《登楼赋》表达怀才不遇之忧。

一场大梦谁先觉

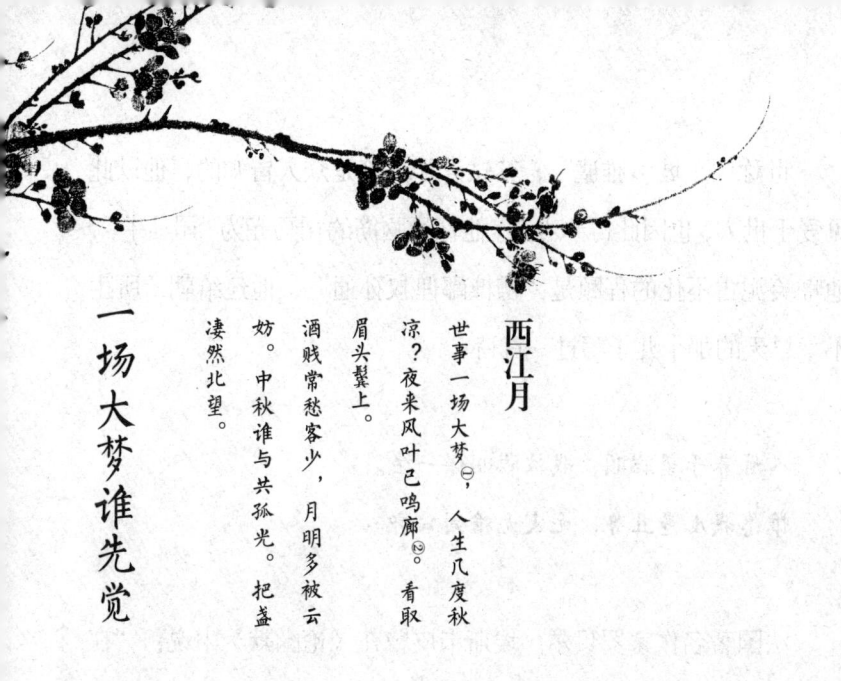

西江月

世事一场大梦㊀，人生几度秋凉？夜来风叶已鸣廊㊁。看取眉头鬓上。

酒贱常愁客少，月明多被云妨。中秋谁与共孤光。把盏凄然北望。

宋哲宗绍圣四年（1097年）中秋，苏轼初到儋州，而苏辙在雷州。同遭贬谪的兄弟二人，隔海相望。多年前的那个中秋，苏轼在密州，苏辙在济南，苏轼写下"但愿人长久，千里共婵娟"，那是壮年时对下一半人生的期望和约定。而今，人来到了天涯尽头，生命也似乎到了尽头，各自保全残命，唯有把酒对望、两相凄然。

世事一场大梦。六十二年前在眉山呱呱坠地，懵懂无知；四十年前与苏辙同时及第、名震京都；十八年前遭"乌台诗案"，险些丧命；十二年前蒙太后恩宠，八面风光；三年前形势急转，与众多朋友一起流放蛮荒。这一切，不正是一场过眼而逝的梦？

世称"东坡多雅谑",苏轼爱开玩笑是众人皆知的,他以此见爱于世人,也因此得罪当道。他称死脑筋的司马光为"司马牛",他嘲笑泥古不化的程颐是"糟糠鄙俚叔孙通",他还给朝云所生不幸早夭的那个儿子写过一首诗:

人皆养子望聪明,我被聪明误一生。
惟愿我儿愚且鲁,无灾无难到公卿。

法国著名作家罗贝尔·埃斯卡皮曾在《论幽默》中说:"在我们这个极度紧张的社会,任何过于严肃的东西都将难以为继。唯有幽默才能使全世界松弛神经而不至于麻醉,给全世界思想自由而又不至于疯狂,并且,把命运交给人们自行把握,因而不至于被命运的重负压垮。"

苏轼的幽默缘于旷达,而旷达是因为看透了这个世界不过是一场梦而已。再痛苦的梦,也会有解脱的一天;再欢乐的梦,也会有终结的那刻。人之穷与达,在本质上又有什么区别呢?

苏轼早年签书凤翔府节度判官厅公事,尝作著名的《和子由渑池怀旧》诗,首四句为:

人生到处知何似,应似飞鸿踏雪泥。
泥上偶然留指爪,鸿飞那复计东西。

人生在世,来来往往,偶然留下一些痕迹,就像随处乱飞的鸟雀,不经意在雪地上留下一些爪印而已。杜甫讥刺那些无名之辈:"尔曹身与名俱灭,不废江河万古流。"可谁又能废得了江河万古流呢?"初唐四杰"可以吗?杜甫、李白可以吗?苏轼可以吗?苏轼显然是有自知之明的,他还有一首诗:

聚散一梦中,人北雁南翔。
吾生如寄耳,送老天一方。

江山是铁打的营盘,人是流水的兵。知兄莫若弟,苏辙在《祭亡兄端明文》中说道:"涉世多艰,竟奚所为?如鸿风飞,流落四维。"可以看作是"雪泥鸿爪"最好的注解。

英国剧作家莎士比亚说过:"人生不过是一个行走的影子,是一个在舞台上大摇大摆指手画脚的戏子,下台后就永远沉寂无声。"一个人死之后,他的命运就交给了历史。不管风光还是沉沦,都与本人无关了。

"九死南荒吾不恨",苏轼早已打算终老海南,可是他没有"如愿"。他在有生之年赶上了又一个新皇帝继位。遇赦北归后,苏轼颇觉庆幸,他说:"七年远谪,不自意全,万里生还,适有大幸。"可惜天不假年,翌年他便病逝于常州。

临终前，苏轼的老友维琳方丈让他多想来生，苏轼轻声答道："西天也许有；空想前往，又有何用？"

"有的人死了，他还活着"，不过是一种比喻而已。活着的不是这个人，也不是这个人在雪地上留下的脚印，而是这些脚印在后人心中激起的一些回响罢了。不管怎样，已然梦觉的苏轼大概不会希望继续活在人们心中。

我们需要记住的，是曾经有这么一个人，在风雨中坦然走过一遭。他最伟大的功业，是从来没有失去自己。

注释

①世事一场大梦：《庄子·齐物论》："且有大觉，而后知此其大梦也。"李白《春日醉起言志》："处世若大梦，胡为劳其生。"
②风叶已鸣廊：《淮南子·说山训》："见一叶落而知岁之将暮。"徐寅《人生几何赋》："落叶辞柯，人生几何。"此由风叶鸣廊联想到人生之短暂。

万里身同不系舟

凤翔、杭州、密州、徐州、黄州、惠州、儋州、常州……苏轼的身后,有一长串的地名都留下了他的印记。苏轼往往是刚熟悉一方水土,结识一干朋友,便要忍痛分离,赶往命运安排的下一站。「身如不系之舟」,是自嘲也是无奈。幸运的是,他对路途中的每一道风景都用心去铭记。

不做闲客不闲行

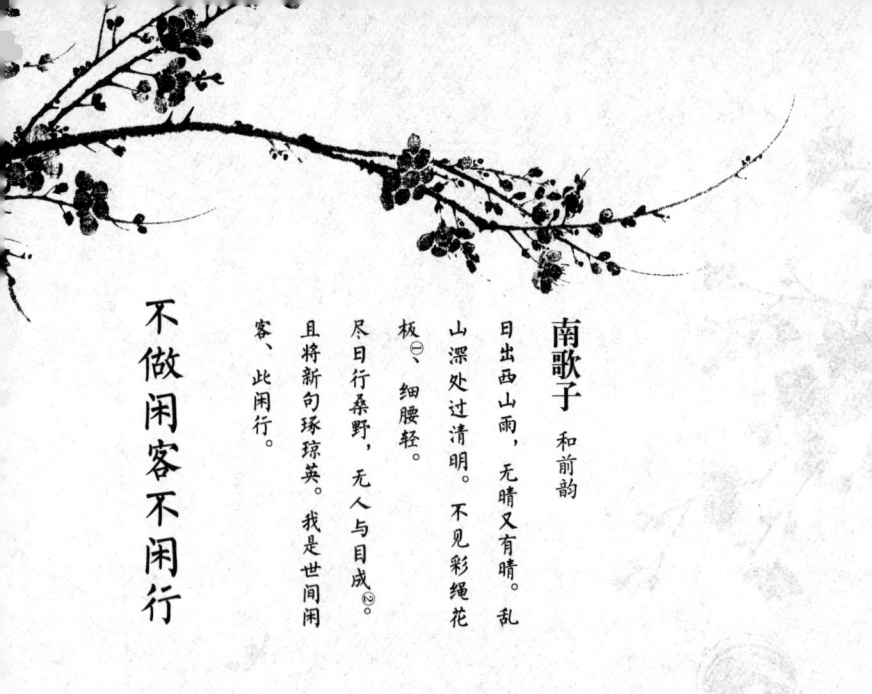

南歌子 和前韵

日出西山雨,无晴又有晴。乱山深处过清明。不见彩绳花板[一]、细腰轻。

尽日行桑野,无人与目成[二]。且将新句琢琼英。我是世间闲客、此闲行。

诸葛亮初出茅庐时,博望坡一把火烧出了威名。苏轼也要走出茅庐,进入仕途了,却不知前方有没有"一战成名天下闻"的机缘。

丁母忧(指母亲的丧事)返京不久,苏轼便被派往陕西凤翔做通判。弟弟苏辙则留在京城陪着父亲。两人在人生中第一次离开对方,恋恋不舍之意全在诗中:

亦知人生要有别,但恐岁月去飘忽。
寒灯相对记畴昔,夜雨何时听萧瑟。

在凤翔这座文化古城,苏轼小试身手,也初遭挫折。年轻的士子这时还不懂世道的沉重，他固执地用旺盛的生命力泼出了几道属于自己的色彩。当你听到他吟唱"我是世间闲客、此闲行"时，切莫以为他在凤翔做了几年与世无争、得过且过的"好好先生"。苏轼在自己的诗词中做了一辈子的"闲客"，在现实中却从来都是个"不忍事"之人，留下了一则又一则的"不平则鸣"。他"鸣"时，多因公事，但也为私情。

凤翔府中小吏知苏轼文名、慕其风流态度，便称之为"苏贤良"。没想到苏轼的上司凤翔知府陈公弼听到之后勃然大怒："一个判官而已，有何贤良？"竟把小吏杖打了一顿。陈公弼并非嫉贤妒能的恶官，只是平素律人律己皆严，且向来不苟言笑。但苏轼与他的梁子自此便结下了。

后来苏轼写一些《府斋醮祷祈》之类无关痛痒的小文，陈公弼也总是挑刺，一次一次地要求改写。到了中秋节，与上司素来不睦的苏轼借故不去拜谒，而跑去庙里看《石鼓文》、写《石鼓歌》，结果被知府处分，罚铜十斤。

苏轼心中当然有气，但一直隐而未发，他在等待一个报复的机会。机会终于来了，一次陈公弼在家中建了一个亭台，名为"凌虚台"，要立一块碑，点名要苏轼来写碑文。苏轼写好呈上之后，心中窃喜，并忐忑着等待"迂老头"大发雷霆。原来苏轼在碑文中做了手脚，以图借机泄愤。后人把《凌虚台记》当作古文中的范本来学习、朗诵，似乎并非苏轼的初衷。

其东则秦穆之祈年、橐泉也，其南则汉武之长杨，五柞，而其北则隋之仁寿，唐之九成也。计其一时之盛，宏杰诡丽，坚固而不可动者，岂特百倍于台而已哉？然而数世之后，欲求其仿佛，而破瓦颓垣，无复存者，既已化为禾黍荆棘，丘墟陇亩矣，而况于此台欤！夫台犹不足恃以长久，而况于人事之得丧，忽往而忽来者欤！而或者欲以夸世而自足，则过矣。（《凌虚台记》）

陈公弼立碑刻文之意，原不过为新建的亭台寻点场面话、吉利语，苏轼却大发"兴亡衰替"的牢骚，以历朝历代的"破瓦颓垣"教训起知府来。写出"欲以夸世而自足"这样的话，简直是目无长上、妄自尊大。苏轼的本意是逗一逗知府，出口恶气，做好了打回重写的准备。他没有想到，陈公弼看到碑文之后，却命令一字不改，照原文刻在了碑上。

陈公弼还当场说了一番话："我待苏洵如子，待苏轼如孙，平素之所以不假辞色，是因他年少暴得大名，怕他满不自胜，所以有意抑损。苏轼竟然真的生我的气了。"苏轼自此方知陈公弼的良苦用心，在日后为陈公弼写传时，坦言道："轼官凤翔，实从公二年。方是时年少气盛，愚不更事，屡与公争议，至形于颜色，已而悔之。"

苏轼与陈公弼之争,意气使然,不足为训。后人鉴之,当谅陈公弼之宽厚,戒苏轼之虚骄,苏轼性情却由此暴露无遗。他有气必争,有仇必报,逞机巧、炫辩才,使看客酣畅淋漓,令亲友胆战心惊。反正,他不愿做一个闲客。精明之人或许已经预感到他多年后在政坛上的失败。

苏轼的智力和精力若全用在同僚之间的意气之争上,他也不成其为苏轼了。世人往往不假思索地以为,为公事而争与为私情而争是两码事,一个人只能顾其一,却不知道,委曲求全惯了的人,会淡漠"不平则鸣"的本性,关键时刻往往成了乡愿。

在凤翔,苏轼便为民利"争"了几次。

北宋有一种差役叫"衙前"。凤翔一带每年要砍伐上好竹木,编成竹筏、木筏,从渭河入黄河,给京城开封送去。官府要求每年衙前运送竹木的时间就在河水暴涨之时,所以经常发生颠覆事故,水工淹死无数。苏轼得知后深感痛心,于是建议修订衙规,准许"自择水工,以时进止",实施之后,"衙前之害减半"。

苏轼还多次呼吁官府把垄断经营的茶、盐、酒等货物开放,不要夺民之利,可惜并无结果。苏轼还呼吁免除凤翔百姓欠官府的不合理债务,当时朝廷已有赦免债务的诏书,但地方官员却故意违逆,于是他愤而上书:"天下之人以为言出而莫敢逆者,莫若天子之诏书也。今诏书且已许之,而三司之曹吏独不许,是犹可忍也?"

苏轼自己说，若遇不平不快之事，则"如食中有蝇，吐之乃已"。他可以做雅客、俗客、诗客、词客、酒客、农客，却唯独做不成闲客。苏轼钟情于山水、古迹、名玩，却也勇于任事。他不愿做烦琐呆板的官僚，却乐于做察民情、发民声的士大夫。他的政治宣言中，浪漫情怀多于可行性建议，但一派赤诚之心却天真无瑕。

注释
①彩绳花板：指打秋千的游戏。宋洪觉范《秋千》诗："花板润沾红杏雨，彩绳斜挂绿杨烟。"
②目成：两心相悦，以目传情。

江城子 猎词

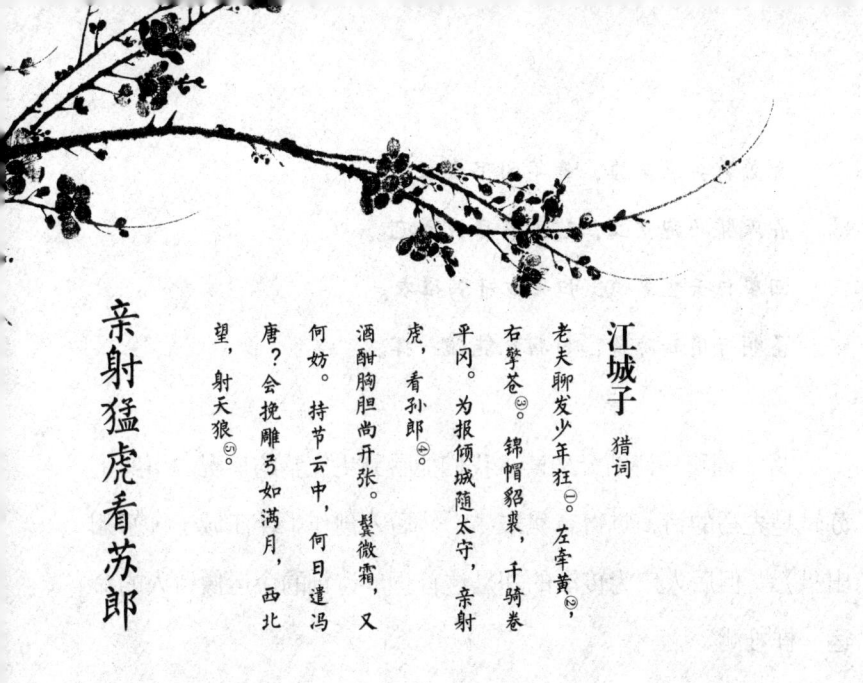

老夫聊发少年狂[一]。左牵黄[二]，右擎苍[三]。锦帽貂裘，千骑卷平冈。为报倾城随太守，亲射虎，看孙郎[四]。

酒酣胸胆尚开张。鬓微霜，又何妨。持节云中，何日遣冯唐[五]？会挽雕弓如满月，西北望，射天狼[六]。

亲射猛虎看苏郎

在人们的印象里，苏轼是一个温文尔雅的书生，对《诗》《书》《礼》《乐》是行家里手，诗词歌赋是家常便饭，绝不会把他和"弯弓射大雕"的壮士联系起来。这一次，是苏轼自己给自己塑造了一个英雄好汉的形象。

而且，这看起来并非文人的英雄梦，而是确有发生的真事。宋神宗熙宁八年（1075年），苏轼任密州知州。当时，密州大旱，苏轼率众前往附近的常山祈雨，后果得雨，于是又一次去常山祭谢。归程途中，他们绕道常山东南的黄茅冈习射会猎，参与这次狩猎的还有同官梅户曹。这次打猎所获甚多，苏轼十分振奋喜悦。

兴奋之余的苏轼不光写了《江城子·密州出猎》这"史上第一首"豪放词，还作了一首诗——《祭常山回小猎》：

青盖前头点皂旗,黄茅冈下出长围。

弄风骄马跑空立,趁兔苍鹰掠地飞。

回望白云生翠巘,归来红叶满征衣。

圣明若用西凉簿,白羽犹能效一挥。

将一词和一诗结合来读,我们能看到更完整的盛况。事实上苏轼是先写的诗,觉得意犹未尽,然后才创作了《江城子·密州出猎》。但后人广为传颂的却是这首词。诗词的命运像诗人的命运一样难测。

自称"老夫"的苏轼在这一年刚满四十岁。要知道,中国古代读书人中进士的平均年龄都有三十五六岁,四十岁的官员正值年富力强之时。苏轼却自称"老夫",或许隐含有宦海浮沉身心疲惫之意。

护卫们手持皂旗在车前开道,浩浩荡荡,大队人马开向狩猎场所——黄茅冈下。打猎总要有装备,黄者为犬,苍者为鹰。司马迁曾记载,秦朝丞相李斯在被腰斩之前,最想做的事就是"牵黄犬,臂苍鹰,出上蔡东门",可惜最终未得到满足。

在苏轼的笔下,打猎的队伍颇为壮观。千骑呼啸,席卷平冈。只见广袤的围场内,呼鹰策马,箭镞纷飞,紧张而热烈。健马奔跑,如龙一般,带着阵阵疾风。苍鹰为了追逐狡兔,掠地低飞,几乎擦到了草尖。

城中百姓听闻太守田猎的壮举，于是倾城而出，蜂拥至黄茅冈前。正在兴头上的太守，看着密密麻麻的围观者，豪情更增，心中暗暗下劲，一定不要负满城父老的信任。说时迟，那时快，只见一只猛虎向苏轼的坐骑扑过来。苏轼拈弓搭箭，瞄准那大虫的前额，只听，嗖——

对历史典籍熟稔在心的苏轼想，自己此时的风采定然不输三国的孙权。孙权曾被他的敌人曹操赞赏——"生子当如孙仲谋"。孙权自幼文武双全，早年随父兄征战天下。某次征战归来途中，在凌亭这个地方，孙权乘马射杀一只猛虎。不过如果看史书的详细记载，故事没有那么干脆利落。孙权射虎之后，受伤的老虎把孙权乘坐的马伤了，跌落地上的孙权将"双戟"向虎投去，老虎倒退，然后在一位随从的协助下，把这只老虎俘获了。

但苏轼在黄茅冈打猎时是不是真的射杀过老虎，就不好说了。也许他只是射了几只鹿，但为了用典，顾不上真实性，我们也没必要较真。

意气风发的猎手很自然地想到：吾有此本事，应当去战场杀敌，报效国家。此时，堂堂大宋正在被西夏这个蕞尔小国欺侮。宋神宗熙宁三年（1070年），西夏大举进攻环、庆二州，熙宁四年（1071年）占抚宁诸城。

谁说文人不能征战？在"五胡乱华"的南北朝乱世，西凉主簿谢艾就曾"白马轺车破麻胡"，打破了"百无一用是书生"的谬见。谢艾本是一名儒生，西凉又国小兵寡，但谢艾如韩信再生，曾三次大败胡族大军。谢艾临阵时"乘轺车，戴白窥"，一副儒生打扮，但并不妨碍他屡建奇功。

"乌台诗案"记载了苏轼自己对"圣明若用西凉簿，白羽犹能效一挥"两句的解释："意取西凉主簿谢艾事。艾本书生也，善能用兵，故以此自比。若用轼为将，亦不减谢艾也。"苏轼的确是想着去西北战场杀敌报国了。

"持节云中，何日遣冯唐？"汉文帝时云中太守魏尚抗击匈奴有功，但因报功不实，获罪削职。后来文帝听了冯唐的话，派冯唐持节去赦免魏尚，仍叫他当云中太守。苏轼是以无辜被贬的魏尚自比，隐晦地表达朝廷对自己的忽视和不公。他盼着"冯唐"持节来密州，带来让他再书"谢艾"传奇的机会。

此时的苏轼是英姿飒爽的：会挽雕弓如满月，西北望，射天狼。不过煞风景地实证一下："天狼星"现在一般称为"大犬座α星"，在此处喻指西夏无疑。它的运行轨迹始终在南天下部，在一年中的任何时候，向西北方向望去，都不可能看到。

苏轼对这首词很是惜重，他致书友人说："近却颇作小词，虽无柳七郎风味，亦自是一家。"他意识到自己已经在柳永"杨柳岸，晓风残月"的词风之外别立格局。

苏轼之前的词都是婉约词，但没有"婉约"之称，因为人们觉得词本来就是花间月下、倚红偎翠。直到苏轼开创出豪放词，之前的词才被称为"婉约词"。可以说，词至苏轼，其体始尊。

词本来就是和歌而唱的。李清照曾批评苏轼词是"句读不葺之诗"，"往往不协音律"，意思是不符合词的本色。《后山诗话》的作者陈师道也讥笑苏轼"以诗为词"，"虽极天下之工，要非本色"。可是苏轼词当真不能歌吗？当然不是，苏轼词亦可歌，只是换了一种格调。

《江城子·密州出猎》是苏轼最早的一首豪放词，作出之后，苏轼招来多名山东大汉，让他们"抵掌顿足而歌之"，与世俗常见的十七八女孩手中的红牙板不同，苏轼选用的伴奏是"吹笛击鼓"，其效果是"颇壮观也"。壮观之歌不是歌？

注释
①聊：姑且。
②左牵黄：左手牵着黄狗。
③右擎苍：右臂擎着苍鹰。
④孙郎：孙权，这里是词人自指。
⑤天狼：星名，一称犬星，主侵掠，这里引指西夏。

江城子 恨别

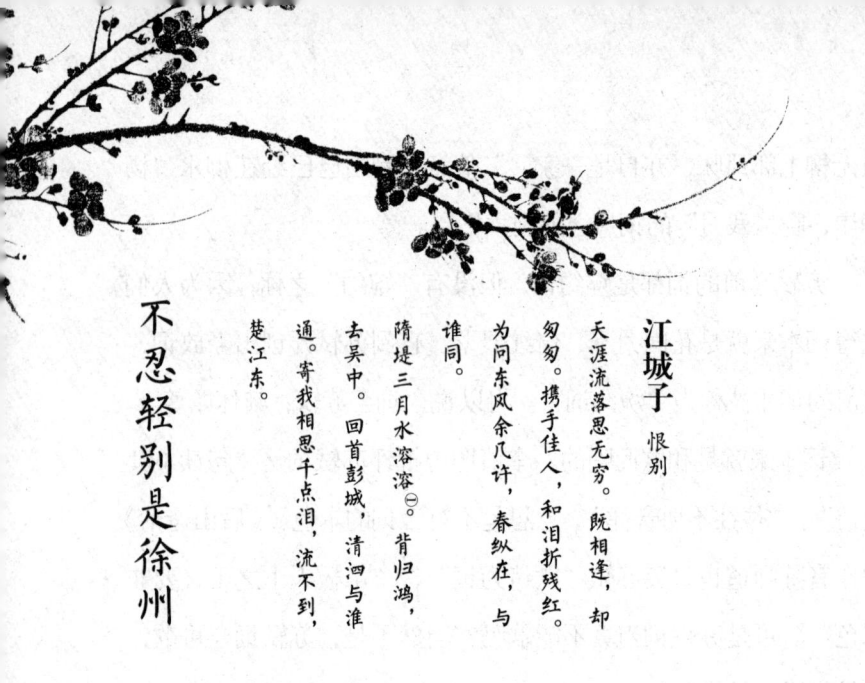

天涯流落思无穷。既相逢,却匆匆。携手佳人,和泪折残红。为问东风余几许,春纵在,与谁同。

隋堤三月水溶溶[一]。背归鸿,去吴中。回首彭城,清泗与淮通。寄我相思千点泪,流不到,楚江东。

不忍轻别是徐州

苏轼自宋神宗熙宁四年(1071年)出京后,便成了一只流落天涯的孤鸿。杭州三年、密州两年、徐州两年,刚刚熟悉一方水土、结识一方朋友,就要忍痛分离,赶往命运安排的下一站。现在又到了与徐州告别的时候。这是孤鸿的命运,不得违、不得怨,纵痛如刀绞也仅有哀鸣几声的权利。可是苏轼的几声哀鸣,竟能穿越千年,勾出你我心中的凄凄恻恻。

之前的几次"分手"经验让苏轼对整个流程都熟稔起来,宴席、赋诗、折柳、道别,但这丝毫没有缓解楚楚离情对内心的撕扯。他自己说,对徐州是"乐其风土,将去不忍"。两年的时间,说长不长,说短不短,可错误就在于苏轼鞠了一把徐州的热土铺在心头,又从泗水中舀起一瓢清澈,从此依恋的种子悄悄发芽。

他甚至打算退休之后要买田于泗水之上,终老徐州。

相逢既晚,离去却匆匆。当时有多美好,现在便有多残忍。

携手佳人。这里的佳人不是苏轼的妻子,而是官妓。在唐宋时期,地方长官赴任离任时由官妓为之导路是官场惯例。这是唐宋风流的一笔注脚,朝廷也从不会觉得红粉佳人的出现有伤风化。经元明杀伐之世,这一习俗逐渐式微,到了风流消散一派肃穆的清朝,更是被悬为厉禁。在细节中往往可以窥见时代精神的变迁。

美人姣好,折花相赠。春已晚,花凋残。残红不悲,最悲是离人泪。泪与花相照,泪犹残红,残红溅泪。问东君,春色还有几许?问也是白问,剩多剩少又有什么关系?无人相伴,无情可寄,徒增烦恼罢了。

苏轼不忍别徐州,徐州亦不忍别苏轼。当苏轼离任徐州时,悲戚呜咽的管弦漫笼全城,无数吏民攀辕挽留,情词恳切。人们纷纷"洗盏拜马前,请寿使君公",说得最多的话是"前年无使君,鱼鳖化儿童"。苏轼抗击洪水之功,永远不会被徐州父老遗忘。

两年前苏轼刚到徐州就任,民情还未熟悉,洪水后脚就到了。黄河在徐州以北五十里处突然决堤,水势向东南蔓延,水淹四十五个州县,三十万顷良田。洪水很快就到了徐州城边,水势被城南的高山阻遏,在城下汇积。水面不断抬升,达到二丈八尺,一度超过了徐州城内的街道。

徐州城危如累卵！苏轼率领吏民全力抢救城池。更糟糕的是，当此存亡之际，富有之家纷纷逃难。若听任富民逃走，势必人心惶惶，徐州城就更保不住了。苏轼赶到城外拦住逃难者，把他们赶回城里，并当众立誓："吾在是，水决不能败城！"苏轼的镇定和坚决，稳住了一城之心。

在宋代，禁卫军直接归皇帝指挥，地方长官没有调动权。为取得禁卫军的协助，苏轼穿草鞋、拄手杖，扑哧扑哧从泥水里跋涉过去，亲身来到军营向官兵喊话："河将害城，事急矣，虽禁军，宜为我尽力。"官兵们感佩不已，慨然允诺，加入筑堤保城的大军。

雨水日夜不止，心急如焚的苏轼直接住在城上，往来奔走也"过家门不入"。在最危急的时刻，洪水离堤岸只有"三板"。最后洪水退去，朝廷下诏褒奖苏轼。虽然苏轼谦称"水来非吾过，去亦非吾功"，但徐州百姓明白，当时若无苏轼，徐州人恐怕都成了"鱼鳖"。

万恶的洪水无意中做了一件好事，就是升华了苏轼与徐州百姓的情谊。生死与共的下一步就是患难之交。苏轼可以在徐州"敲门试问野人家"讨茶喝，徐州的年轻女子也会"旋抹红妆看使君"。

苏轼对徐州的山川地理、风土人情做过详细的考察，从内心爱上了这个自古多豪杰的地方，博取杂收的他还学过本地的方言土语。如果说苏杭的特点是温柔富贵，那么徐州的迷人之处在于能令人拍手大笑、兴奋发狂。且看苏轼的《登云龙山》：

> 醉中走上黄茅冈，满冈乱石如群羊。
> 冈头醉倒石作床，仰看白云天茫茫。
> 歌声落谷秋风长，路人举首东南望，拍手大笑使君狂。

乐则乐矣，已成过往。水流溶溶，杨柳依依，被离愁障目的诗人看每一样景物都情意无限。可它们哪一个又真正懂得诗人的心思呢？昔来徐州，杨柳依依；今别徐州，杨柳还是依依。

天上一排鸿雁正往北飞，头朝家的方向奋力展翅，而苏轼却要走与它们相反的方向。一为归家，一为流落；一自做主，一听安排。好一番凄凉的对比。

走走停停，步子慢一分，离别的过程就长一点儿。拉长离别的过程是一种折磨，但总好过戛然而别，连一点儿余温都存不下。眼见回首已望不到徐州城了，苏轼又发现一件遗憾的事：徐州的泗水只与淮河相通，流不到自己将要去的湖州。徐州故人若想要寄"千点相思泪"过来，都没有办法。

当你恋上一个人，你会拼命寻找与他/她的相同或相似之处，家乡、经历、名字、生日……再细微的巧合都会让人兴奋，再细微的不合都会让人失落。当你恋上一个地方，这个症状同样会发作，这正是苏轼为"流不到，楚江东"而失落的原因。

苏轼是一个"既来之，则安之，既安之，则爱之"的人，在他的一生中，他爱过许多地方：杭州、徐州、黄州、汝州、惠州、儋州……他中意的养老之地，也不止徐州一处。这是一种恋旧的情节在作祟。而一个人之所以恋旧，是因为"旧"有他的付出、他的经营、他的期冀。苏轼不管到哪里，都从不敷衍自己与这个地方的缘分，他总是那么乐此不疲。所以一圈走下来，每个地方都值得他留恋、回忆。

注释

①隋堤：隋炀帝大业年间，开通济渠，沿渠筑堤，并植杨柳，后人称为隋堤。

卜算子

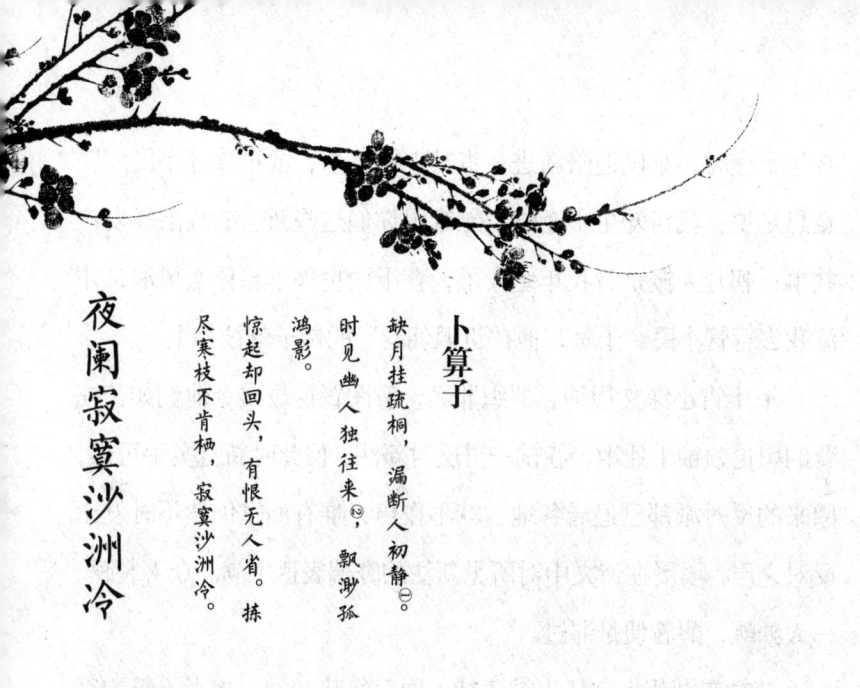

缺月挂疏桐，漏断人初静○，时见幽人独往来②，飘渺孤鸿影。

惊起却回头，有恨无人省。拣尽寒枝不肯栖，寂寞沙洲冷。

夜阑寂寞沙洲冷

一场风暴刚刚过去，侥幸逃过一劫的苏轼惊魂甫定，心有余悸。定慧院是苏轼在贬所黄州的第一处寓所。在这首词里，写了一人一鸟。上片写孤鸿见幽人，下片写幽人见孤鸿。只有了解苏轼写作此词时的处境才能明白，词中人即飞鸿，飞鸿即人。

在那场后来被称为"乌台诗案"的文字狱中，李定、舒亶等新党御史摘取苏轼一封谢恩表和众多诗词中的语句，以诽谤新政的罪名逮捕了苏轼。

灾祸起于《湖州谢上表》。苏轼从徐州移知湖州时，依例向宋神宗上表致谢，这本是官样文章，可苏轼一向疾恶如仇，遇有不平则"如蝇在食，吐之乃已"，于是表中出现了这样的牢骚："知其生不逢时,难以追陪新进;查其老不生事,或可牧养小民。"意思是说:我自知生不逢时,无缘跟你们这些新进的政治暴发户共事;朝廷大概是看我年纪大了,在下面也兴不起什么风浪,才派我去管管小民。于是,他"讥讽朝廷"的帽子就被扣上了。

一干宵小深文周纳、罗织罪名,意图置这位常令他们如芒在背的舆论领袖于死地。苏轼一贯反对新法,但此时新党炙手可热,原来的反对派都已退居各地、默不作声,唯有苏轼仍然不时发出反对之声,屡屡在诗文中对所见新法的弊端表达不满。众人装睡,一人独醒,醒着便是罪过。

苏轼在湖州太守任上被逮捕。面对气势汹汹、来者不善的官差,苏轼心慌意乱,不知所措,藏在屋里不敢出来。经同僚劝说出来之后,他做了最坏的打算,向官差自言:"知多方开罪朝廷,必属死罪无疑。"在押送进京的途中,他甚至想过跳水自杀,由于担心把灾祸转移给弟弟才作罢。到了京城,苏轼被投入御史台审判。

事已至此,苏轼的诗词、文章、书信统统成了罪证。其中有些确属讥刺时政,有些则是政敌无中生有、穿凿附会。苏轼的文字向来广为世人传诵,他巧妙而犀利的讥讽很容易变成众口相传的笑话,所以那些人才会对他如此嫉恨。他们甚至劝宋神宗违背"与士大夫共天下""不杀士大夫"的祖宗家训,处死苏轼而后快。

这件大案牵涉了苏轼的三十九位亲友,一时风雨凄凄、人心惶惶。幸好宋神宗尚存爱才之心，以及正义之士的救援，苏轼才逃过一死。最后皇帝下诏，苏轼被贬往黄州，充团练副使，但不准擅离该地区，并无权签署公文。

苏轼脱了死罪，无疑令他的政敌十分失望。但这场突如其来的牢狱之灾，把恐惧打入了苏轼的意识。黄州之前的苏轼，就像一只唧鸣不已的黄鹂，动听的歌喉为它引来无数赞赏，也无形中招来嫉妒和愤恨。哗啦一声电闪雷鸣，暴风雨洗刷出这世界原本的残酷面目。等待命运判决时的无助和风吹雨淋的切肤之痛，终于让他懂得了隐藏和沉默才是求全之道。

写作此词时，已是苏轼到黄州的第二年。但惊悸如蛇，始终缠绕不休。

"缺月挂疏桐"，残缺之月挂在枝叶稀疏的梧桐树上，一句白描将人带入静谧幽深的夜里。既然漏已断、人已静，为何还有一个人在月下树影里独自徘徊？他是心思太重，夜不能寐，还是闲来无事，闲游遣闷？让人不禁联想到苏轼几年后又一次夜里漫游：

元丰六年十月十二日夜，解衣欲睡，月色入户，欣然起行。念无与为乐者，遂至承天寺，寻张怀民。怀民亦未寝，相与步于

中庭。庭下如积水空明，水中藻、荇交横，盖竹柏影也。何夜无月？何处无竹柏？但少闲人如吾两人者耳。(《记承天寺夜游》)

两个闲人在无名之地的"无聊"散步，竟被写得如此潇洒、隽雅，诗意盎然。读这篇小文，就像眼前有一条溪水涓涓淌过卵石，弹出一支清新的曲调。美，仅此而已。但自作聪明的解说家总要从中读出点什么深刻的意思，比如有人说"'闲人'包含了作者郁郁不得志的悲凉心境"。苏轼不得志不假，但他若每首诗词都要对此怨念一遍，那该是怎样一个无趣的伪苏轼？

苏轼在承天寺夜游时还有张怀民相伴，在定慧院夜游时却只有孤鸿与自己为朋。与《承天寺夜游》相比，这首词少了几分闲适，多了几分孤寂、凄苦。这暴露出苏轼目前还没有学会与黄州安然相处。

"惊起却回头"，孤鸿被谁惊起？不会是"幽人"，而此时众人又早已沉睡，还会有谁呢？应该是被自己刚才做的梦惊吓到了。回头望什么？自然是噩梦发生的地方。它之前大概没有料到，风平浪静的树枝上藏着一颗惊雷。

"有恨无人省"，它又有什么恨渴望被人知道呢？难道它也曾因鸣叫得罪鸟王？难道它也是初来黄州"亲友绝交""郡中无一人识者"？难道它也是祸不单行"疾病连年"？

可是这只被噩梦惊醒的孤鸿在焦灼中来回飞动，希望找到一个适合自己的枝丫来栖息。但它竟挑三拣四，拣尽所有的寒枝也不肯栖落，最后宁肯决绝地在冰冷的沙洲上独自飞行，也不愿降低格调，与众多凡鸟沉瀣为伍。"良禽择木而栖"，斯良禽也！

在监狱中度过的四个月让苏轼惊吓不已，但与牢狱之祸相比，更让他难以接受的是放弃自己的品格。事实上，出狱当天，"以诗得罪"的他就又写了两首诗，其中一首是：

平生文字为吾累，此去声名不厌低。
塞上纵归他日马，城东不斗少年鸡。

贬谪黄州可以打消苏轼"致君尧舜"的念头，让他成为不羁的塞上野马，但他绝不会与靠投机取巧赢得君王宠爱的小人为徒。后来的事实也证明，黄州的艰苦丝毫无损苏轼的高洁，只是把他的生命和诗词推向了另一个轨道。

> **注释**
> ①漏：古代用壶漏滴水作计时工具。漏断：漏壶中的水已滴尽，指夜已深。
> ②幽人：幽隐之人。

天涯何处无芳草

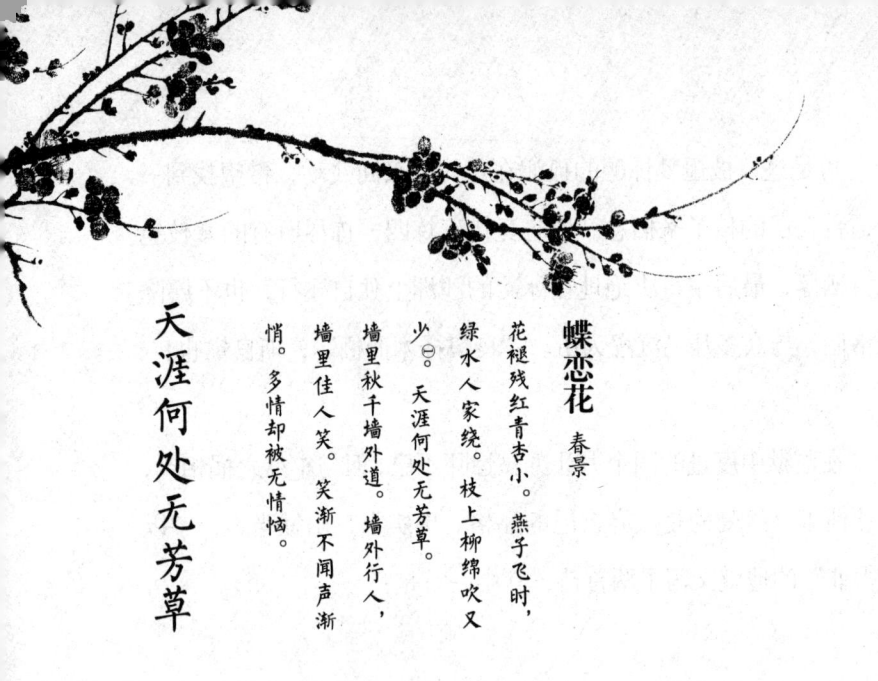

蝶恋花 春景

花褪残红青杏小。燕子飞时,绿水人家绕。枝上柳绵吹又少①。天涯何处无芳草。

墙里秋千墙外道。墙外行人,墙里佳人笑。笑渐不闻声渐悄。多情却被无情恼。

天涯何处无芳草。没走过几处天涯,谁又有资格说这样的话?

"天涯"是古人的用语,今人常说的是"地平线",汪国真有一首诗描述过地平线:

既然目标是地平线

留给世界的只能是背影

我不去想未来是平坦还是泥泞

只要热爱生命

一切,都在意料之中

当苏轼被朝廷反复无常的旨意驱使着到处奔波时，他无法决绝到在心绪中只留下勇敢。变故之下的惊惶是人的本能反应，纵是苏轼也无法避免。苏轼长于常人的地方在于，每次惊惶过后，他都能很快平复下来。经历的打击越多，恢复平静的速度越快。

苏轼好像在与命运斗法。命运一次次使出他始料不及的利器，让他在陌生的土地上狼狈行走，让他与亲友分离断绝，让他被暴雨淋湿又被烈日烘烤，苏轼没有还击的余地，但他以风雨之中淡然的微笑回馈命运，让后世的评判者毫不犹豫地判定这个失败者才是真正的胜利者。

这一次考验发生在"元祐"和"绍圣"两个年号交接的年份。年号更换的背后不仅是执政者的轮换，而且是两种截然相反的政治方针的调转。驾驶舱的罗盘轻巧地调个方向，整个船体就要发生剧烈的震荡。

宋哲宗元祐八年（1093年），厌弃新法的太皇太后高氏驾崩。这个女人给苏轼和旧党带来了八年的好运。她死后，长期生活在祖母阴影下的年轻皇帝哲宗亲政。这位轻率鲁莽的幼主被王安石提拔起来的那批奸猾之徒蛊惑、利用，全面恢复神宗时已不得民心的新法。随着章惇、曾布等小人被召回和重用，厄运很快降临到元祐时期掌权的大臣身上。

章惇拜相后,这位年轻时的好友对苏轼的"回报"是,让他成为被贬谪到岭南的第一人。年轻时苏轼和章惇是好友,有一次两人一起旅行,遇到一道万仞之深的涧谷,只有一条横木为桥,章惇要苏轼走过去在悬崖上题字,苏轼不敢,章惇于是不动颜色地走过去,从容地在壁上写下"章惇苏轼来游",然后走回来。事后苏轼半开玩笑地说:"子厚(章惇字)必能杀人!"章惇问为什么,苏轼答:"连身家性命都不要的人,还怕杀人吗?"章惇大笑。没想到一语成谶,章惇后来果然成为一个暴戾凶狠之徒。

苏轼先是在元祐八年(1093年)自请出京去了定州,宋哲宗改号"绍圣"后,他以"讥斥先朝"的罪名被贬岭南。先是说调任英州太守,然后不断接到追加的贬抑,最后的目的地定在惠州。一道道冷酷的圣旨来势汹汹,敌意甚重,苏轼不由得心惊胆战。在寄给弟弟子由的一首词中,他写下秋雨之下的心境:

梧桐叶上三更雨。惊破梦魂无觅处。夜凉枕簟已知秋,更听寒蛩促机杼。

八年好梦,一朝惊散。未来等待他的,将不会再有长时间的安宁。他在梦中留恋地回忆"江亭醉歌舞",但他没有办法不睁开眼,看冰凉的秋雨打湿窗棂。

岭南自古以"瘴疠之乡"为人们所畏惧、逃避，也因此成为皇帝贬谪大臣的理想之地。韩愈被贬潮州途中，写诗给赶来同行的侄孙韩湘，预感自己将死在这蛮荒之地："知汝远来应有意，好收吾骨瘴江边。"哀切之情，溢于言表。

可是苏轼在惠州住下后，却很快与这里安乐相处起来。定居之后，他杜门烧香，闭目清坐。抱着"死生有命"的态度，不惊不乱，像一位入定的禅师。

苏轼寓居在惠州嘉祐寺，有一天纵步松风林下，突然觉得足力疲乏，但亭子还在很远的地方，心想，是不是勉力走到亭子下再休息？思考良久，他突然悟到："此间有什么不得歇处！"何必非得在亭子里安歇？

想到这一点让苏轼十分快活，就像挂在钩上的鱼忽得解脱，他进而想到：

若人悟此，虽兵阵相接，鼓声如雷霆，进则死敌，退则死法，当甚么时也不妨熟歇。

庄子说："相濡以沫，不如相忘于江湖。"可是江湖不是每一条鱼都能幸运得到的，当被逼入狭窄的沟渠而插翅难飞时，该怎么做呢？苏轼的做法是，此心安处即江湖，心闲气定则天地宽广。

所以苏轼才会在来惠州的第二年,而且是"枝上柳绵吹又少"的暮春时节,非不伤春,反而看到"天涯何处无芳草"。只是这句话不意成为后世失恋者的座右铭,大概是苏轼当年没能料到的。

这首词的下阕写了一个墙里佳人和墙外行人的偶遇故事,后人对其寓意争论不休。行人从墙外经过,不经意被墙里佳人天真悦耳的笑声吸引,渐生爱慕之情,他或许没到"为卿一笑,抛却浮名"的痴狂地步,而只是想再听一会儿。但佳人根本就不知道墙外行人的存在,笑声渐渐消失了。多情却被无情恼,多情的是行人,可荡秋千的姑娘所谓的"无情"只是无心罢了。

有人说这个故事寓含着苏轼的郁郁寡欢和不得意,或许他那位聪慧的侍妾朝云也是这样理解的。苏轼每次让朝云唱这首《蝶恋花》,朝云都会掩面惆怅,泪满沾巾。苏轼问她缘故,她答说,最唱不出口的,便是"枝上柳绵吹又少,天涯何处无芳草"两句。苏轼听后翻然大笑。其实苏轼即使有伤春之意,又怎会至于不能自遣呢?

如果不先入为主,代苏轼而悲,我们在这个故事里看到的有趣要多于落寞。为什么我们就不能认为苏轼只是虚构了一个偶然发生的有趣故事,并把它用诗意的语言写了出来?为什么苏轼在岭南就只能失意,且只能写自己的失意呢?最简单的解释往往是最合理的解释,苏轼没有悲,可是后人争相替他悲,让"日啖荔枝三百颗,不辞长作岭南人"的苏轼情何以堪呢?

苏轼在给朋友的信中说,北归无望,不如干脆以惠州人自居。他心中是安宁的,不需要强辞安慰,只当原来就是一个惠州秀才,只是累举不第而已。有这样的心境,在哪里又看不到芳草呢?

注释

①柳绵:柳絮。

乘桴且恁浮于海

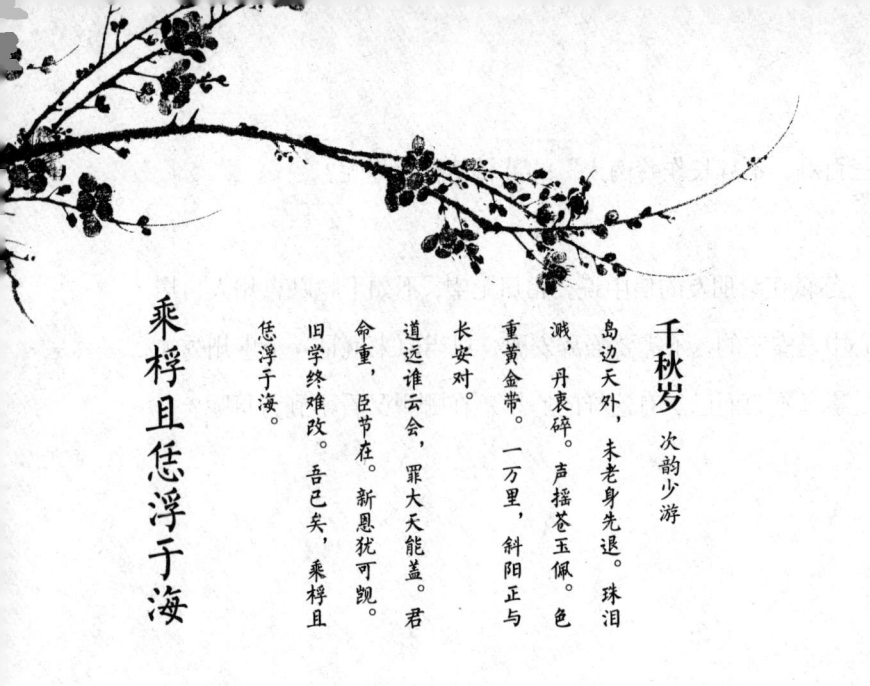

千秋岁 次韵少游

岛边天外，未老身先退。珠泪溅，丹衷碎。声摇苍玉佩。色重黄金带。一万里，斜阳正与长安对。

道远谁云会，罪大天能盖。君命重，臣节在。新恩犹可觊，旧学终难改。吾已矣，乘桴且恁浮于海。

苏轼在惠州很快便适应了，还写了两行诗："为报诗人春睡足，道人轻打五更钟。"不料这两句诗传到章惇的耳里，这位以前的好友、现在的政敌听闻苏轼竟然过得这么舒服，便妙手一动，颁发了新的贬谪命令。于是苏轼又匆忙赶往下一站——儋州。

日后苏轼从海外归来后，在金山寺看到好友李公麟为自己画的像后，题诗一首：

心似已灰之木，身如不系之舟。
问汝平生功业，黄州惠州儋州。

黄州、惠州、儋州，这是他依次被贬谪的地方。在这些地方，苏轼以罪人之身过着悽悽惶惶的日子，儋州更是还未开化的蛮荒之地。"食无肉，病无药，居无室，出无友，冬无炭，夏无寒泉"，生活且不可保，又有何功业可言？

《自题金山画像》是苏轼遇赦北归之后作的，而在南渡之前他还没这么洒脱，有他当时的文字为证："某垂老投荒，无复生还之望。春与长子迈诀，已处置后世矣。今到海南，首当作棺，次便做墓。仍留手疏与诸子，死即葬于海外，生不契棺，死不扶柩，此亦东坡之家风也。"

"生不契棺，死不扶柩"的旷达，遮不住他视渡海若赴死的悲戚。"功业"二字，是万万想不到的。难不成，苏轼把平生功业统统归入黄州惠州儋州，只是风雨过后对苦难经历的有意美化和自嘲，并借此表示自己的英雄气概？

苏轼所说的"功业"也许不是建功立业的功业，而是指诗词文章、书法绘画。若如此，那两句诗就不是故意反话正说，而是"诗穷而后工"在他身上的体现。的确，每次贬谪都是苏轼在文学上的丰收季。黄州是最显眼的例子，如果没有"乌台诗案"的打击，如果没有躬耕的艰辛，我们难以想象，苏轼会写出《前赤壁赋》《后赤壁赋》《念奴娇·赤壁怀古》这样的天才之作。官场上的围剿，造就了文化上的突围。

在阅读苏轼作品的过程中，我们会有亲身的感受：他得意时的作品，虽也工致新巧，但就像糖水只有甜味一样，你只能夸他有才；而失意时的作品，一字一句都能入人，朗之有声，思之有味，像茶一样隽永绵长。苦难成就文艺，就像苦寒之于梅香，磨砺之于剑锋。

这是有传统的，西汉史学家司马迁早就观察到了：

文王拘而演《周易》；仲尼厄而作《春秋》；屈原放逐，乃赋《离骚》；左丘失明，厥有《国语》；孙子膑脚，《兵法》修列；不韦迁蜀，世传《吕览》；韩非囚秦，《说难》《孤愤》；《诗》三百篇，大抵圣贤发愤之所为作也。

文人和艺术家的命运似乎被下了魔咒，可见惊人传世的佳作与美满富足的生活不能兼得。有人说，对想要摘星星的孩子来说，漂泊是他们的必修课。

悲观地看，写作容易导致穷困。乐观地看，当一个文人难以为生时，其实他在享受生命的赐予。人的生命气象，会在苦难中放大。这大概是"施与"他们苦难的人不会想到的。

古代文人的痛苦多来自不可抵抗的命运，每次权力的交替都伴随着一批人的沉浮荣辱。现代许多文人，看起来则像是主动去寻找痛苦、迎接痛苦，甚至制造痛苦。

苏轼自矜的"功业",一定是后人看来光芒万丈的文名?苏轼不会不知道自己的名字必将书于丹青、流芳后世。他早已领略过众多崇拜者的热情,就像那位拿肉换苏轼手写便条的书法爱好者:

那时苏轼在京城做翰林学士,夜里经常在宫中值班。有个人勤于搜求苏轼的字,苏轼每写一个便条,若苏轼的秘书转送给他,他就给秘书十斤羊肉。苏轼后来听说了这件事。一天,秘书说有个朋友的口信需要苏轼答复,苏轼就口头答复了。秘书第二次又来请求,苏轼说:"不是已经告诉你了吗?"秘书说:"那人一定要一个书面答复。"苏轼说:"告诉你那位朋友,今日禁屠。"

即使背负罪人的身份,苏轼不论走到哪里,所见都是仰慕的眼光。但总结自己的一生时,他得意的肯定不全是文章盛名。这首苏轼困守儋州时寄给"苏门四学士"之一的秦观的《千秋岁》中,就有明显的线索。

"旧学终难改。""旧学"非诗词之类的雕虫小技,而是圣人之大道。"平生学道真实意,岂与穷达俱存亡。"作为一个谐趣满腹的文人,苏轼是可爱的;作为一个坚守大节的士人,苏轼是可敬的。

苏轼早年写过一段话:

天下有大勇者,猝然临之而不惊,无故加之而不怒,此其所挟持者甚大,而其志甚远也。

胸有大器之人，不会被小节放倒。居无定所、食不果腹、北归无望，都算得了什么呢？"四学士"中的另外一个——黄庭坚，对苏轼有极深刻的理解：

计东坡之在天下，如太仓之一稊米；至於临大节而不可夺，则与天地相终始。

孔子说："求仁而得仁，又何怨？"孔子还说过："道不行，乘桴浮于海。"苏轼同样是求仁得仁，同样是"道不行"，于是也捡起了"乘桴浮于海"的归路。但孔子离不开鲁国，苏轼同样离不开北方的那块陆地。那地上，承载着他终身的理想。

明月有光人有情

「清风明月不用一钱买」，如画的江山是对每个人最公平的，它不是权贵的专属，而属于每一个心中有日月的人。经过苏轼的眼、笔，折射出的世界，常常给人一种绿色的欢欣，而不是枯萎的颓唐。苏轼也在江山里发现人生的真谛，门前流水尚能西，谁道人生难再少？

行香子 过七里

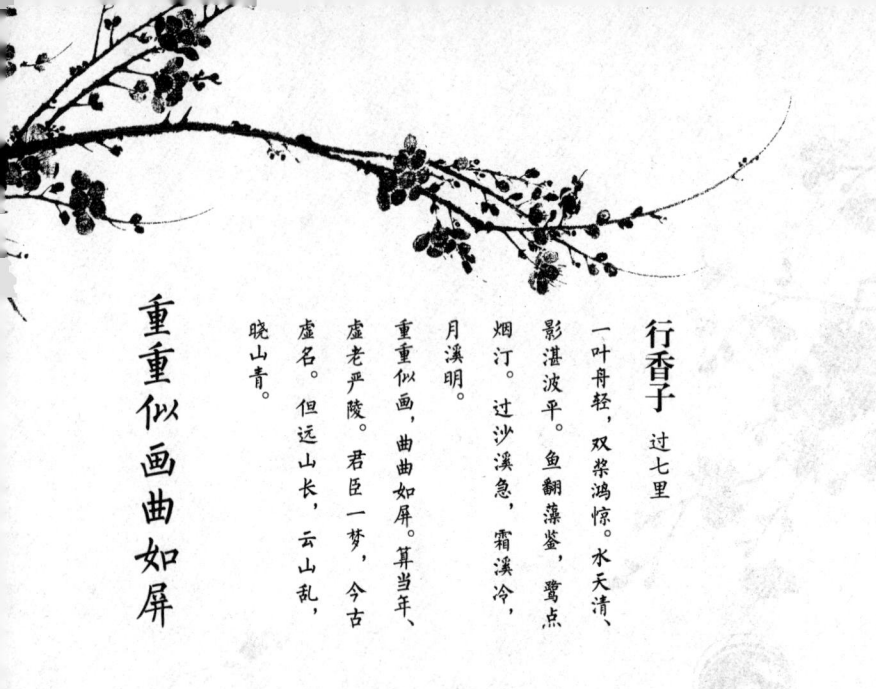

一叶舟轻,双桨鸿惊。水天清、影湛波平。鱼翻藻鉴,鹭点烟汀。过沙溪急,霜溪冷,月溪明。

重重似画,曲曲如屏。算当年、虚老严陵。君臣一梦,今古虚名。但远山长,云山乱,晓山青。

重重似画曲如屏

许多人热爱苏轼,是由于苏轼热爱这个世界。经过苏轼的眼、笔,折射出的世界,常常给人一种绿色的欢欣,而不是枯萎的颓唐。苏轼的江山,不是刘邦、项羽争得头破血流的江山,而是庄子"曳尾"的地方。在这里,风景不是权贵的专属,而属于每一个心中有日月的人。

七里滩,又名七里濑,在今浙江桐庐县严陵山之西,是著名的"严陵八景"之一。长七里,江水从两山夹峙中穿流而过,下与严陵濑相接。宋神宗熙宁六年(1073年),在杭州任通判的苏轼外出巡视富阳、新城诸地,自新城放舟而下,经七里滩、严陵濑。途中有景,景中有典故,自应有新句、新词以配之。

桐庐一带，自古山清水秀。相传，远古时有位隐姓埋名的老人，为济世救民在此采撷草药，探究药性，他结庐桐树下，有问其姓者，则指桐以示之。所以人称"桐君"，此地后来也因此得名"桐庐县"。

耸立如壁的两山，夹着一江春水，水面如镜。水上一只小舟，轻盈如不慎跌落水中的树叶，漂浮前行。突然，舟上双桨起舞，小舟翩翩而动，犹如受惊飞起的鸿雁。水面顿时被打破，波纹向四方蔓延开去。然而相对于整个水面，这船实在是太小了，它试图打破镜面，但很快自己就化成了镜面上的一处点缀。渐渐地，一切和静如初。

此刻，苏轼站在船头，呼吸着新鲜的空气，尽情地欣赏着如画的江景，享受着顺水而下的舒畅自由，他的心情是轻快而明亮的。

这里的景色与杭州西湖相比，少了些雕琢工丽，多了些天然清秀。西湖上常常游人如织，而这里，长长的江面上只漂着这一叶扁舟。山水会不会觉得寂寞？当然不会。山自巍峨，不须攀登者的赞叹；水自清丽，不须玩赏者的吟哦。再者说，这里也不缺有闲、有趣的伴侣。鱼在水藻间翻跃，难道不是有意在秀身姿？而在烟雾迷蒙的水边，白鹭时飞时落，轻灵而优雅地触水即离，何逊于欲游无鳍、欲飞无翅的人类？

诗词常常离不开水，诗人也几乎没有一个不爱水的，原因何在？也许是因为水和诗具有同样的特质：不知源流但有形有韵，澄澈清冽而有滋有味。

七里滩上景色是分段的，依次为沙溪、霜溪、月溪，苏轼概括其特点为："沙溪急，霜溪冷，月溪明"，为什么会这样呢？这个问题其实应该反过来想，不是沙溪碰巧是急的、霜溪碰巧是冷的、月溪碰巧是明的，而是当地人早就发现，这里的水一段湍急、一段冷冽、一段明亮，所以分别将其命名为"沙溪""霜溪""月溪"。苏轼只是以亲身体验证明了前人取的这三个名字是贴切的而已。

作词虽无定法，但有个不成文的规矩，即上片写景，下片写情。苏轼写完上片却意犹未尽，下片继续写道："重重似画，曲曲如屏"，似乎不多写怕对不住这层层叠叠的画屏。天工作画屏，一传千万年。世世享用，不枯不竭。让苏轼不禁生发出怀古的幽情。

七里滩往下便是严陵濑。"严陵濑"之得名，是因为史上最著名的隐士之一严子陵曾在这里垂钓。严陵即严光，两汉交际时人，字子陵，简称严陵。严子陵成名甚早，史书称"少有高名"，与后来复兴汉室的光武帝刘秀是同学。刘秀称帝后，严子陵非但不去攀附，反而隐姓埋名，悠游于山野林泉之间。

求名者难得名，求隐者难得隐，世事总是这样吊诡。光武帝偏偏认定了这位老同学是个"大贤"，非把他征召出来做官不可，于是派人到处寻访。几年后终于有了消息，齐国上书说，发现有个人披着羊皮在某地水边钓鱼。光武帝马上派人带着聘礼，备了车子去请，由于严子陵的拒绝，使者接连请了三次。

皇帝甚至亲自写信，言辞恳切地说："不是朕一定要让你臣服于我，实在是治理天下的担子太重，朕如履薄冰，还望你来帮忙。"（朕何敢臣子陵哉。惟此鸿业若涉春冰，辟之疮疮须杖而行。若绮里不少高皇，奈何子陵少朕也。）严子陵不得已出山去了洛阳。

人在京都心在野。到了京城的严子陵照旧一副傲骨，不肯低就治理天下的冗务，整日高卧不起。皇帝亲自看望，他照睡不误。逼急了他就跟皇帝讲大道理，说当年尧帝让位给巢父、许由，他们不光拒绝，甚至还煞有介事地去清洗被"污染"的耳朵，人各有志，奈何强求？

有一次，刘秀与严子陵一张床睡觉，严子陵丝毫无忌，夜里竟把脚伸到皇帝的肚子上。结果第二天负责观察天象的太史报称"客星犯帝座甚急"。

最终，这只野性难驯的麋鹿终于还是回归了荒野，在富春山躬耕垂钓。没过几年，便老死在这儿。后人有诗曰："富春烟雨，一蓑一笠人归隐。"

苏轼少年时的偶像北宋名臣范仲淹任睦州知州时，在桐庐富春江严陵濑旁建了钓台和子陵祠，并写了一篇《严先生祠堂记》，赞扬他"云山苍苍,江水泱泱,先生之风,山高水长"。严子陵固然高风亮节,但若没有光武帝的优容宏量,也难以想象他会有什么样的下场。因而范仲淹将君臣二人并举:"先生之心,出乎日月之上;光武之量,包乎天地之外。微先生不能成光武之大,微光武,岂能遂先生之高哉?"

严子陵辞掉了官职,以布衣终老,但他的名声反而更大了。后来多少真真假假的隐士都打着学习严子陵的旗号,而且后来者模仿严子陵未必出于淡泊名利,唐人韩偓有诗云:"时人未会严陵志,不钓鲈鱼只钓名。"

唐代就有一位卢藏用,为了做官而隐居在京城长安附近的终南山。皇帝在长安,他就住终南山;皇帝移驾洛阳,他就跟着跑到嵩山隐居。所以他得了一个"随驾隐士"的诨号。最后,他把自己炒作出很大的名声,并成功入朝做了官。"终南捷径"一词由此而来。

苏轼称严子陵为"虚老",当然不是讥他隐逸之心不真,而是遗憾他只顾着辞官,而没有领略到山水的佳处。爱才心切、故作姿态的帝王,和护惜羽毛、坚决不仕的隐士,早已如烟云一样消失了,只留下一对空名而已。

苏轼望着群山,只见远山连绵不见尽头,白云缭乱变化万端,晨曦晓色青翠欲滴……只有这水光山色,才是最值得用心的。

念奴娇 赤壁怀古

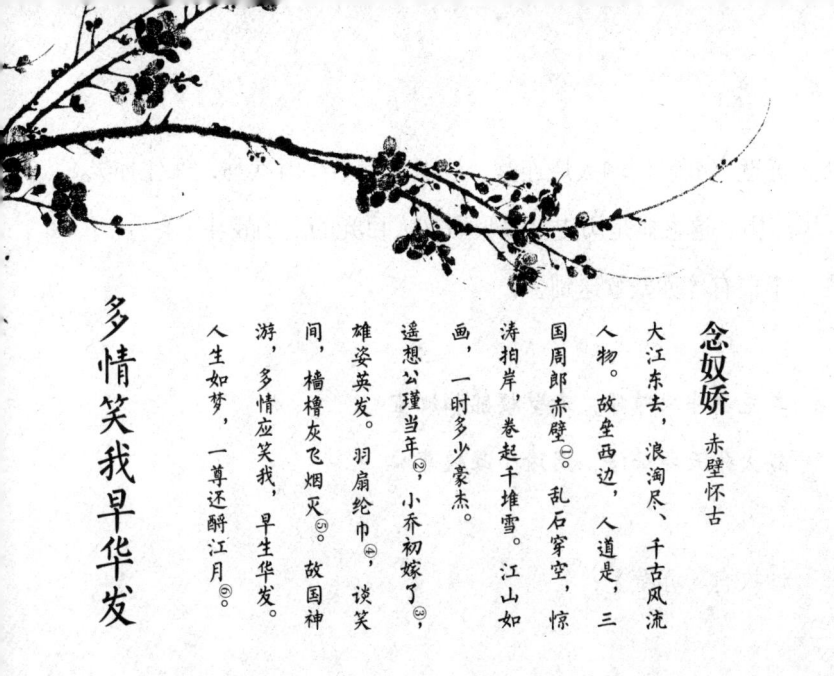

大江东去，浪淘尽、千古风流人物。故垒西边，人道是，三国周郎赤壁。乱石穿空，惊涛拍岸，卷起千堆雪。江山如画，一时多少豪杰。

遥想公瑾当年，小乔初嫁了，雄姿英发。羽扇纶巾，谈笑间，樯橹灰飞烟灭。故国神游，多情应笑我，早生华发。人生如梦，一尊还酹江月。

有一次，苏轼问一位善歌的幕士，自己的词和柳永的词相比怎么样？这位幕士没直接说谁优谁劣，而是说："柳郎中词，只合十七八女郎执红牙板，歌'杨柳岸晓风残月'。学士词，须关西大汉，铜琵琶，唱'大江东去'。"苏轼是豪放词的开创者，"大江东去"则是其招牌作品。苏轼以雄健的笔力使词脱离"呢喃儿女语"的窠臼，赋予其横槊气概、英雄本色。

避免重字是填词的最基本规则，可这首《念奴娇》中，有三"江"、三"人"、二"国"、二"生"、二"故"、二"如"、二"千"字。但没人会觉得这是缺憾，相反，若苏轼刻意避开了重字倒显得呆板了。

赤壁之战，周瑜火烧连营，烧退曹操数十万兵马，保住孙吴千里江山。这大概是历史上最吸引文人目光的一场战斗了。

李白有《赤壁歌送别》：

二龙争斗决雌雄，赤壁楼船扫地空。
烈火张天照云海，周瑜于此破曹公。

杜牧有《赤壁》：

折戟沉沙铁未销，自将磨洗认前朝。
东风不与周郎便，铜雀春深锁二乔。

李白以炽热的情感、驰骋的想象，笔酣墨饱地展现出火烧赤壁的壮丽场景。杜牧则是用他一贯开新取巧的手法，以假设的方式，重写周瑜在另一个时空里的命运。

战争的历史意义不是诗人关心的对象，否则就不能理解无名无姓的"无定河边骨"为何会反复出现，以及地点模糊的"古战场"为何总也凭吊不完。"一将功成万骨枯"是战争的真实写照，战场上发生的不是羽扇纶巾摇出的飘逸潇洒，而是生存和死亡的残酷抉择、希望和绝望的瞬间转换。

"野战格斗死"是多数战士的结局,"败马号鸣向天悲"是最常见的背景音,"乌鸢啄人肠,衔飞上挂枯树枝"并非诗人故作耸人。我们可从李华的《吊古战场文》中一窥其凄惨悲凉:

利镞穿骨,惊沙入面。主客相搏,山川震眩,声析江河,势崩雷电。至若穷阴凝闭,凛洌海隅,积雪没胫,坚冰在须。鸷鸟休巢,征马踟蹰。缯纩无温,堕指裂肤。当此苦寒,天假强胡,凭陵杀气,以相剪屠。径截辎重,横攻士卒。都尉新降,将军覆没。尸填巨港之岸,血满长城之窟。无贵无贱,同为枯骨。

枯骨无言,唯有哀号的北风在转述遥远的呐喊。老子说:"兵者凶器也,圣人不得已而用之。"可惜太多自以为是圣人的君王将相,寻找到太多的"不得已",把一批又一批"春闺梦里人"无情地投去冰冷的无定河边。

战争吞噬生命,所以诗人会质疑,"年年战骨埋荒外,空见蒲桃入汉家"。但诗人对战争的态度又是复杂的。因为战争的宏伟瑰丽能到达诗人想象力难以企及的地方,千千万万鲜活的生命燃烧成绚烂的烟火,诗人不仅看到了残忍,也看到了一种极致的美丽。如果时代隔得够远,他们还会有意无意地忽略残忍,只关心美丽。如果战争的主角是风流倜傥的周郎,如果战场是在风景如画的赤壁，诗人便更乐于闭上那只看到真相的眼。

所以，备战的紧张、战机的千钧一发、火焰冲天的惨烈，只化成一句轻描淡写的"谈笑间、樯橹灰飞烟灭"。他难道没想到灰飞烟灭的樯橹间有无辜丧命的数十万普通战士？他们也有父有母，有妻有儿。我们要责备苏轼视生命如草芥吗？

苏轼并非是不珍视生命的人。主政一方时，他多有爱民之举；僻居黄州，他也热心废除当地的弃婴陋习。如果这样的责备可以成立，那么自称"十步杀一人，千里不留行"的李白岂非罪无可赦？那么"笑谈渴饮匈奴血，壮志饥餐胡虏肉"的岳飞岂非太残忍？那么，哪个慷慨激昂的边塞诗人不是杀人成瘾的恶魔？

亦凄惨，亦风流，这是战争的两个面相。凄惨，故诗人反战。风流，故诗人赞美战争。他们对战争的赞美常是不露痕迹的，诗人把"葡萄美酒夜光杯"端呈上来，"醉卧沙场"给你看，然后若无其事地来一句"古来征战几人回"。你还会把它和刀光剑影的厮杀联系起来吗？

即使出现刀剑也无妨。卢纶《塞下曲》："月黑雁飞高，单于夜遁逃。欲将轻骑逐，大雪满弓刀。"雪夜追敌的行动，未现奔马，未现格斗，弓刀上覆盖了大雪，就显得不像杀人的凶器，而更像一道风景了。

除了战争本身释放的魅力之外，建功立业的志向也是促使诗人们忽视战争残忍之处的原因。"了却君王天下事，赢得生前身后名",不止是辛弃疾的愿望。

苏轼在密州打猎时就曾发过"西北望,射天狼"的誓愿。赤壁重游,遥想公瑾当年,字里行间都可以看出苏轼是以周瑜自况。对赤壁之战的缅怀,还暗含了苏轼对北宋边庭战事的关切。堂堂大宋,竟屡屡败北于蕞尔小国西夏,不能不让人怀念周瑜以少胜多的壮举。

苏轼有报效疆场之志,却壮怀难酬。他或许知道,即使有机会,他也没有上场杀敌的本事。苏轼是文人的命,终究做不了文武双全的周郎。他意识到了自己的"多情",意识到了人间如梦。"一尊还酹江月",苏轼洒下的是对周郎梦的不舍。

注释

①周郎:周瑜。据《三国志·吴志·周瑜传》载,周瑜年二十四为中郎将,吴中皆呼为周郎。
②公瑾:周瑜的字。
③小乔:周瑜的妻子。
④羽扇纶(guān)巾:鸟羽做成的扇和青丝带做的头巾。
⑤樯(qiáng)橹(lǔ):桅杆与船橹。这里指曹军的船舰。
⑥酹:洒酒于地,表示祭奠。

我欲醉眠芳草间

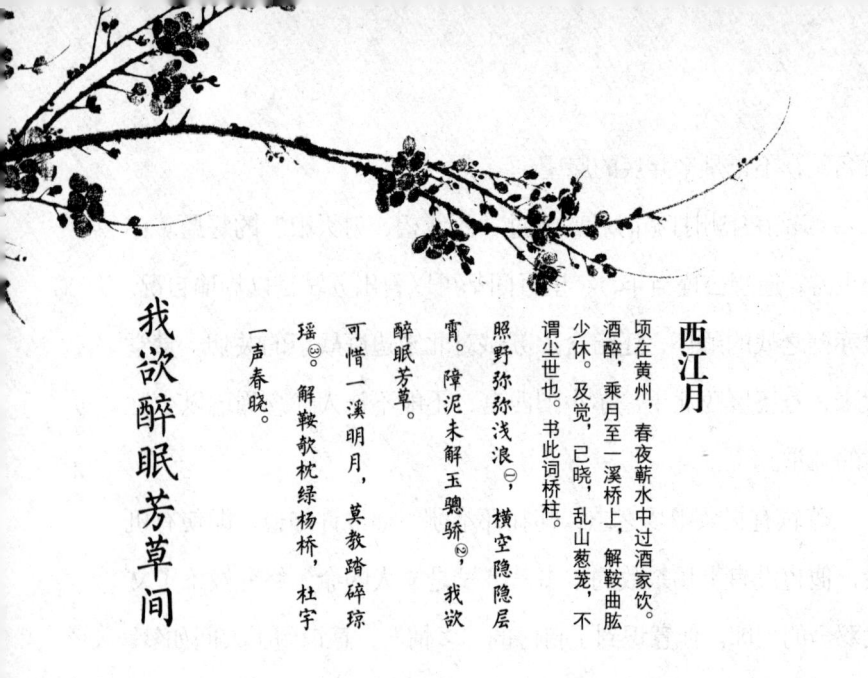

西江月

顷在黄州,春夜蕲水中过酒家饮。酒醉,乘月至一溪桥上,解鞍曲肱少休。及觉,已晓,乱山葱茏,不谓尘世也。书此词桥柱。

照野弥弥浅浪[一],横空隐隐层霄。障泥未解玉骢骄[二],我欲醉眠芳草。

可惜一溪明月,莫教踏碎琼瑶[三]。解鞍欹枕绿杨桥,杜宇一声春晓。

  黄州是个闭塞贫瘠的小城,但苏轼逐渐在这里过上了神仙般的生活。在田地已然播种、金钱衣食暂时无忧之后,苏轼开始享受每一天淡泊而富足的日子。清风明月不用一钱买,诗人敏感的想象把每个闲暇都涂得摇曳生姿。

  最让苏轼得意的,是这里的乡野村夫并不知道他是大名鼎鼎的苏学士。他放浪山水间,与渔樵杂处,有时被醉汉推得东倒西歪,或遭粗语相骂。苏轼非但不生气,反而"自喜渐不为人识"。他脱去标志着文人身份的长袍和方巾,改穿农人的短褂子。白天喝醉了,随便找块草地倒下便睡。直到暮色沉沉,好心的路人把他叫醒,才晃晃悠悠地走回家去,边走边唱:

月明兮星稀，迎余往兮饯余归。岁既晏兮草木腓。归来归来兮，黄泥不可以久嬉。

早晨出门，月明星稀，晚上回家，还是月明星稀。星星和月亮，都成了他忠实的伙伴。岁月平静，草木枯萎。乘兴而出，兴尽而归。

苏轼有时夜里也出去游玩。这是一个春天的夜晚，凉风如水，苏轼兴致突起，一个人夜里骑马去游蕲水。见江边有个酒家，便下马进去喝酒。酒足饭饱出来，看月色明亮，苏轼便乘月色来到一座小桥。正待赏月观水，谁知酒力发作，他渐觉眼睛发涩，身体摇晃欲坠。于是趁着最后一丝清醒，下马解鞍，曲肱而卧，准备小憩一下。

曲肱，以臂作枕也。孔子说："饭疏食，饮水，曲肱而枕之，乐亦在其中矣。不义而富且贵，于我如浮云。"《吕氏春秋·慎人篇》说，上古的得道之人，"穷亦乐，达亦乐。所乐非穷、达也，道得于此，则穷、达一也。"快乐与哀愁，跟显贵与否无关。孔子就是《吕氏春秋》所说的得道之人。孔子本身对生活十分讲究，"食不厌精，脍不厌细"，但如果不能以正当的方式获得财富和官位，那么吃粗粮、喝生水、弯起胳膊作枕头，也能让他快乐自在。

乐高于任何物质生活和境遇本身，超乎富贵贫贱之上。曲肱卧于溪桥之上的苏轼，来不及想太多便昏昏睡去，用酣甜的梦去实践孔子的快乐法门。

　　苏轼本打算小憩一下的，但一觉醒来，却发现已晓色朦胧了。太阳还没出来，但满山的葱茏树木已清晰可辨。回想起昨夜之游，看着眼前的青山，他直觉身不在尘世，于是提笔在桥柱上写下这首《西江月》。

　　"障泥未解玉骢骄"，这里有个典故。障泥是马身上的挂饰，挡泥土用的。晋朝有个叫王济的人，善解马性，有一次，他骑着一匹马，当时这匹马带着一副很好的障泥。前方有水，这匹马怎么也不肯渡水。王济猜，马儿一定是爱惜障泥，于是命人解去，马儿才乖乖地渡水而过了。

　　苏轼用浪漫的笔调重塑了醉卧溪桥的记忆。他不说自己不胜酒力，一时困倦便在桥上睡着了，而是从一溪明月说起，春来水涨，满满溢溢的蕲水载着一溪明月，煞是玲珑可爱，却也轻薄易碎。他生怕马蹄声惊碎了溪中的琼瑶，所以才下马、轻步，干脆在绿杨桥上悄悄地睡去了。只有睡去，才不打扰夜的美好和宁静。

　　苏轼在黄州的行迹越来越像流浪汉了，他随处而醉，随处而眠。但他最在乎的不是美酒佳肴，而是前方的风景。风雨也罢，颠簸也罢，只要有远方，他就有前进的动力。

生命的意义在远方。苏轼没有去国远游,他一直被放逐在自己的祖国。命运给予他的是流放,他却一次次把流放演绎成流浪。流放与流浪一字之差,但意义迥别。流放是被抛弃、被驱逐,发布命令的人不仅要折磨流放者的肉体,更想看到流放者气息奄奄、摇尾乞怜的模样。流浪则是主动的追寻,不追寻名利,不渴望宽恕,只跟随内心的指引,去看陌生的风景,去嗅新鲜的草木,去品他乡的泉水。

走路,是人在宇宙中最不受羁绊的事,爱走走,爱停停,你可以用尽所有的姿势。穷途而哭的阮籍,如果每次出游不是驾车,而是走路,大概会少几分伤恸。

其实,心在哪里,家便在哪里。于苏轼,于你,于我,都是如此。

注释

①弥弥:水满貌。
②障泥:马鞯,垫在马鞍下,垂于马腹两侧,以挡泥土。玉骢:青白色的马。
③琼瑶:美玉。

快哉亭上快哉风

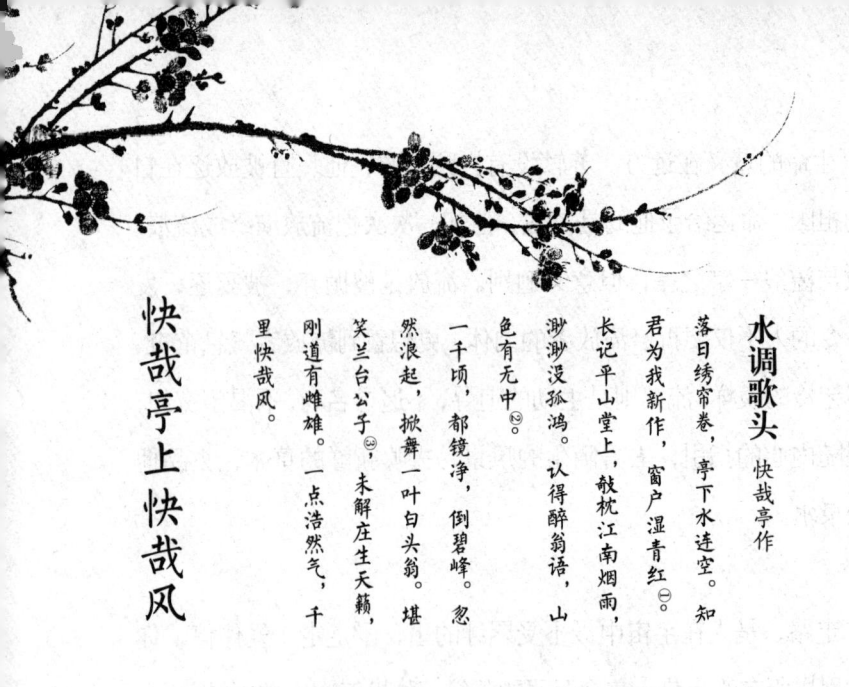

水调歌头
快哉亭作

落日绣帘卷,亭下水连空。知君为我新作,窗户湿青红[一]。长记平山堂上,欹枕江南烟雨,渺渺没孤鸿。认得醉翁语,山色有无中[二]。

一千顷,都镜净,倒碧峰。忽然浪起,掀舞一叶白头翁。堪笑兰台公子[三],未解庄生天籁,刚道有雌雄。一点浩然气,千里快哉风。

    风,起于青萍之末,游于四野八荒。在春夏秋冬,风各有其态,或柔顺如水,或力拔山河,或如泣如诉,或奔腾怒吼,或萧瑟凄凉,或缠绵流畅。它可以极微细,也可以极恢宏,就像一个变化万端的精灵,常人总是难以捉摸。

    第一个为风作赋的是宋玉,在《风赋》中他把风分为"雌""雄"二道。

    雄风属于君王。在大地上形成,侵入山谷,在山洞口怒号。沿着大山前进,在松柏之下狂舞乱奔。它跨越高高的城墙,进入到深宫内宅。它吹拂花木,传散着郁郁的清香,它徘徊在桂树、椒树之间,回旋在湍流急水之上。然后悠闲自在地在庭院中漫游,飘进宫殿中的帐幔。这样的雄风清凉爽快,足以治愈疾病,解除醉态，使人耳聪目明。

雌风属于庶人。在闭塞不通的小巷里忽然刮起，接着扬起尘土。风沙回旋翻滚，穿过孔隙，侵入门户，刮起沙砾，吹散冷灰，搅起肮脏污浊的东西，散发腐败霉烂的臭味。这样的雌风吹进贫寒人家，只会使人心烦意乱，气闷抑郁。它还带来邪气和疾病。

君与民如天地悬隔，连风的情状都如此迥异。雄风带来的是无与伦比的享受，而雌风带来的是欲哭无泪的灾殃。宋玉不是溜须拍马的无耻文人，他盛赞大王雄风，力贬庶人雌风，实为托言讽谏。但这种劝百讽一的做法，绕的圈子太大，往往把最初的目的绕丢了。楚王只会陶醉于雄风的自在中，怎会费神关心雌风肆虐的人间疾苦？

其实把风分为雌雄未尝不可，但雌雄不一定非要以君王和庶人来分。苏轼的"千里快哉风"就是一股雄风，是不得意之人的得意之风。

快哉亭在黄州城南江滨，主人是张怀民。张怀民，宋神宗元丰六年（1083年）被贬到黄州，是一个步苏轼后尘的官场落魄人。到黄州之后，张怀民与苏轼结识，两个天涯沦落人相晤甚欢。张怀民筑亭，苏轼命名为"快哉亭"。苏轼的弟弟苏辙还专门作了《黄州快哉亭记》。

长江出了西陵峡之后,才到平地。其流"奔放肆大",然后南合湘沅,北合汉沔,"其势益张"。到了赤壁,"波流浸灌",像大海一般。快哉亭建在此处的江边,颇得长江气势。在亭子里,南北可望百里,东西可望三十里。

江上的景色"涛澜汹涌,风云开阖"。白天有舟楫出没于亭前,夜晚则鱼龙悲啸于亭下。变化倏忽,动心骇目,常人难以久视。

自然景物,西望有武昌诸山,冈峦起伏,草木葱茏。早晨,随着日出,烟雾渐渐消散,渔夫、樵夫的家舍现出清晰的模样,历历可数。这里又是三国赤壁的旧战场,曹操、周瑜激战的硝烟化成了夕阳下摇动的金黄波浪。从古到今,每一道风景都在等待品尝。

以身份而论,苏轼和张怀民都是范仲淹笔下的"迁客"。《岳阳楼记》写出了得意之人和失意之人在登同一座楼时的不同反应。这些去国怀乡的贬谪之人,在登楼望江时,常常见到"淫雨霏霏,连月不开,阴风怒号,浊浪排空",则"忧谗畏讥,满目萧然,感极而悲"。

但苏轼与张怀民却毫无悲色,反而在快哉亭指点江山,畅谈畅饮,高呼快哉!他们不以谪居为患,甚至不将自己当作到处不招人待见的逐客,大有"不以为耻反以为荣"的气概。他们的"快哉"对后人是一种启迪：人只要自得、坦然，无处不是快哉亭，无处没有快哉风。

吹同样的风，不是每个人都会觉"快哉"。苏轼能乘此快风，乃因胸中的浩然之气。

"浩然之气"是孟子最早发现的。别人问孟子，你的长处是什么？孟子答："吾善养吾浩然之气。"浩然之气不容易讲清楚，孟子也只说了大概。它充满在天地之间，是一种十分浩大、十分刚强的气。这种气是正义和道德日积月累形成的，反之，如果没有正义和道德存储于其中，它也就消退无力了。

和孟子一样，苏轼也生性好辩，其实苏轼从孟子身上继承的更重要的东西是浩然之气。就像孟子说的"予岂好辩哉？吾不得已也"，苏轼也不是为辩而辩，而是为了维护心中的正义。一个人有了浩然之气，才能做到"富贵不能淫，贫贱不能移，威武不能屈"，才能"先天下之忧而忧，后天下之乐而乐"。

快哉亭还让苏轼想到了平山堂，想到了恩师欧阳修和醉翁的词句。师者，传道授业解惑也。孟子是苏轼的隔世之师，他传了浩然之气给苏轼。醉翁先是苏轼的伯乐，后是苏轼的恩师。生前，醉翁将苏轼推介给世人，将文坛托付给苏轼，仙去之后他的磊落之气、铮铮铁骨仍然环绕在苏轼周遭。快哉亭上的快哉风，也有醉翁一份。

风有没有雌雄之分其实不重要。苏轼说过,"耳得之而为声,目遇之而成色",有什么样的耳朵,便有什么样的风声,有什么眼睛,便有什么样的景色。胸有浩然气,自有快哉风。

注释

①"知君"二句:知道亭子专为我而新造,窗临大江,沐浴着青山红日。
②"认得"二句:体会到醉翁的"山色有无中"的韵味。"山色有无中"本为王维诗句,欧阳修《朝中措·送刘原父出守维扬》:"平山栏槛倚晴空,山色有无中。"形容远山若隐若现,若有若无。
③兰台公子:指宋玉,宋玉曾在兰台侍奉楚襄王。

谁道人生难再少

浣溪沙

游蕲水清泉寺[一]，寺临兰溪，溪水西流。

山下兰芽短浸溪，松间沙路净无泥，潇潇暮雨子规啼[二]。

谁道人生无再少？门前流水尚能西，休将白发唱黄鸡[三]。

人们常说"花有重开日，人无再少年"。虽有劝人惜时奋进的意思，但更深处是对宇宙规律的无可奈何。苏轼在蕲水清泉寺旁看到西流的溪水，遂发出"人生再少年"的慷慨陈言。在仔细阅读之前，我们先来了解这首词的来历。

这首轻快得意的词，缘于苏轼一次病愈之后的出游，他后来把它写入了自己的笔记《东坡志林》之《游沙湖》。

沙湖在黄州东南三十里，亦名"螺蛳店"，也许当地盛产螺蛳。苏轼欲在此处买田，却在前往相田的途中得了病。他听说附近麻桥有个叫庞安常的良医，于是前往治疗。庞安常是个聋子，但医术高超，苏轼一接触就发现他"颖悟绝人"。两人靠写字交流，苏轼还没写几个字，庞安常就明白了他要说什么。苏轼跟他开玩笑说:"余以手为口,君以眼为耳,皆一时异人也。"

　　病好之后,苏轼与庞安常同游清泉寺。寺里有一眼泉,水极甘甜,相传王羲之曾在此洗笔。清泉寺下临兰溪,与一般的河流相反,兰溪之水竟向西流。苏轼于是作歌:山下兰芽短浸溪……这次出游以"剧饮而归"结束。

　　时光不可倒流。孔子说:逝者如斯夫,不舍昼夜。人的命运就像一年生的植物,只能经历一次春夏秋冬。春有百花秋有月,夏有凉风冬有雪。时间的列车匆匆而过,如果错过了哪个季节的风景,再回首也是徒劳。以植物比人生并不罕见,汉代就有乐府诗《长歌行》:

　　　青青园中葵,朝露待日晞。
　　　阳春布德泽,万物生光辉。
　　　常恐秋节至,焜黄华叶衰④。
　　　百川东到海,何时复西归?
　　　少壮不努力,老大徒伤悲。

　　既然生命只有一次,那么这宝贵的一生该怎样度过呢?保尔·柯察金的答案回响在耳畔:"人的一生应当这样度过:当他回首往事的时候,不因虚度年华而悔恨,也不因碌碌无为而羞耻。

这样在他临死的时候，他就能够说：我已经把我的整个生命和全部精力，都献给了这个世界上最壮丽的事业——为了人类的解放而斗争。"随着克里姆林宫前那面红旗的缓缓降落，这个世界上最壮丽的事业——解放全人类，已被当作"致命的自负"黯然遗落在史册。但人们对生命意义的追问，仍将持续下去。

意义源于有限。一个人如果真能长生不老，他收获的或许不是满足，而是漫无尽头的孤寂和虚无。就像李商隐诗中的嫦娥："嫦娥应悔偷灵药，碧海青天夜夜心。"不过以人生有限来励志是更常见的主题，明代大学士文嘉有两首诗——《今日歌》和《明日歌》：

今日复今日，今日何其少！
今日又不为，此事何时了？
人生百年几今日，今日不为真可惜！
若言姑待明朝至，明朝又有明朝事。
为君聊赋今日诗，努力请从今日始。

明日复明日，明日何其多！
我生待明日，万事成蹉跎。
世人皆被明日累，明日无穷老将至。
晨昏滚滚水东流，今古悠悠日西坠。
百年明日能几何？请君听我明日歌。

"燕子去了,有再来的时候;杨柳枯了,有再青的时候;桃花谢了,有再开的时候。但是,聪明的,你告诉我,我们的日子为何一去不复返呢?"朱自清曾如是问——

日子从我手中溜去,像针尖上一滴水滴在大海里,我的日子滴在时间的流里,没有声音,也没有影子。洗手的时候,日子从水盆里过去;吃饭的时候,日子从饭碗里过去;默默时,便从凝然的双眼前过去。

"我觉察他去的匆匆了,伸出手遮挽时,他又从遮挽着的手边过去,天黑时,我躺在床上,他便伶伶俐俐地从我身上跨过,从我脚边飞去了。等我睁开眼和太阳再见,这算又溜走了一日。我掩着面叹息。但是新来的日子的影儿又开始在叹息里闪过了。"

每个用心生活的人,都会有这样的苦恼和无助。你伸手挽留,日子不会留步,只会从你伸出的手边溜走;你扼腕叹息,日子不会停止,只会从你的叹息中闪过。时间就像手中的沙子,握得越紧,流失得越快。所以,达观者不会把时间浪费在感叹时间的无情上。

"白发""黄鸡"是人们惯用的比喻,来形容世事匆促、光景催年。苏轼也曾化用白居易的诗,吟过"黄鸡催晓不须愁,老尽世人非我独"。但困居黄州的苏轼,却反其意而用之。"谁道人生无再少""休将白发唱黄鸡",他的勇气来自反常规向西流的兰溪。

这道溪水还在苏轼的一首诗中留下了身影：

江边身世两悠悠，久与沧波共白头。
造物亦知人易老，故致江水向西流。

造物主仿佛知道人们容易感慨人生易老，所以特令此处江水西流，给无助的人打气、鼓劲。但并非每个人都能如此理解造物主的"良苦用心"。苏轼的乐观来自他对把握不定的前途始终持有的希望和追求。他承认人生的实质是悲哀，又处处力求超越，不受局限。苏轼在与生命规律的斗争中，迸发出无穷的活力。

注释

①蕲水：位于黄州东，即今湖北浠水县。
②子规：杜鹃鸟。
③白发黄鸡：白居易《醉歌示妓人商玲珑》："罢胡琴，掩秦瑟，玲珑再拜歌初毕。谁道使君不解歌，听唱黄鸡与白日。黄鸡催晓丑时鸣，白日催年酉时没。腰间红绶系未稳，镜里朱颜看已失。玲珑玲珑奈老何，使君歌了汝更歌。"白居易感慨青春易逝，苏轼反用其意。
④焜黄：枯黄。

人间有味是清欢

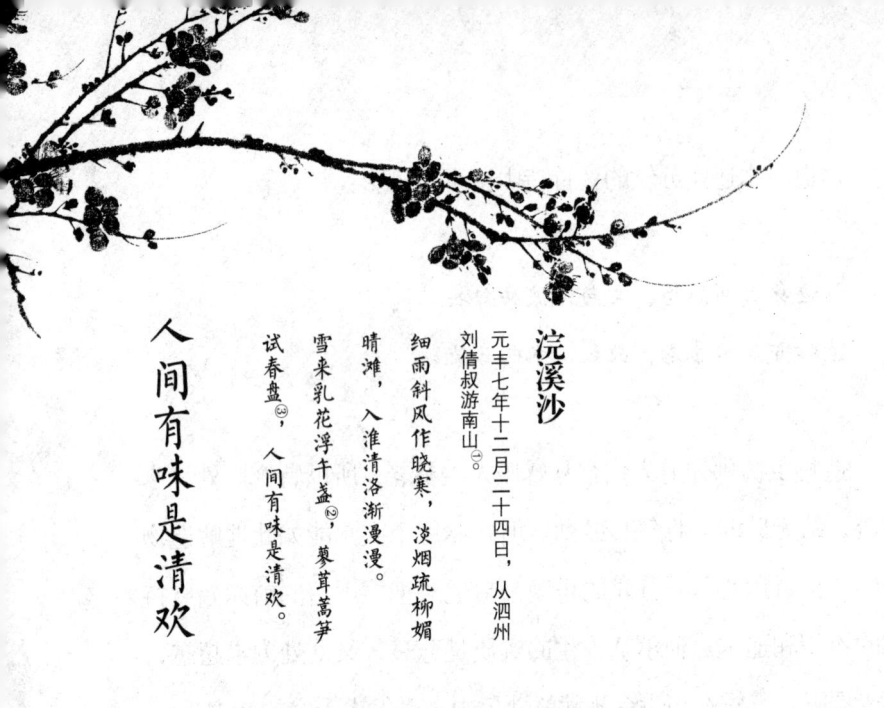

浣溪沙

元丰七年十二月二十四日，从泗州刘倩叔游南山[1]。

细雨斜风作晓寒，淡烟疏柳媚晴滩，入淮清洛渐漫漫。

雪沫乳花浮午盏[12]，蓼茸蒿笋试春盘[13]。人间有味是清欢。

  宋神宗元丰七年（1084年），一件偶然的小事改变了北宋的政治局势，也扭转了苏轼的命运。从上一年到此年三月，久旱不雨，赤地千里，饥民扶老携幼，流离失所。一个名叫郑侠的皇宫门吏，见到成群的流民塞满了京城的街道。他和许多人一样，知道这不仅是天灾更是人祸，是王安石的新法把百姓害得如此悲惨。没有人敢跟皇帝讲，因为变法派把持着各处言路，上书只会给自己招来灾祸。

  郑侠想到另一个上书的方法，他把灾民忍饥挨饿的情状画成《流民图》，呈献给神宗皇帝。其中一幅图上画的是农民裸露着身体，忍受着饥饿，在狂风暴雨里挣扎跋涉。另一幅上画着半裸的男女在啃食草根树皮，还有人戴着铁链，扛着瓦砖薪柴去卖了缴税。

无言的图画比煽情的奏章更有感染力。神宗皇帝看后落下眼泪，开始对新法产生了动摇，逐步废止了多项新法。皇帝进而意识到，过去对旧党惩罚太重，要把旧党人才召回。

在这样的背景下，在黄州躬耕的苏轼接到皇帝手札，命迁汝州团练副使。虽是平级调动，但却标志着政治气候的转机。再加上皇帝手札中有"人材实难，不忍终弃"之语，苏轼仿佛嗅到自己的蛰居生涯已接近尾声。所以在离开黄州赶赴汝州的途中，他步伐轻快、心情舒畅。

久在樊笼里，复得返自然。一路上苏轼颇事访游。他先畅游庐山，又去江西探视了子由，到金陵又与致仕家居的王安石酬唱累日。这年岁末，苏轼来到泗州时盘缠费尽，即上书朝廷，请罢汝州职，回宜兴修养。在这里，他与友人一起游了南山。

南山的山势并不雄奇，没有"一夫当关万夫莫开"的天险。这里的景致也不绚丽。斜风细雨,何处没有？淡烟疏柳，不过尔尔。清洛漫漫，怎敌万里长江，惊涛拍岸？但苏轼娓娓道来，轻挑细拢的，用普通无奇的风景，烹出一桌可餐秀色。

不争胜，不斗巧，但难能可贵的是——有味。什么是有味，苏轼自己最清楚。他说达者和不达者沟通，就像有舌头的人向没舌头的人解释什么是味道。如果问蜜是什么样子的，可以答蜜是甜的。如果再问甜是什么样子的,就没办法回答了。

有舌头的人,自然知道什么是味道。没舌头的人,再怎么解释他也理解不了。在达与不达之间,知味与不知味之间,有一道天然的鸿沟。在这里,勤不能补拙。苏轼在《日喻》一文中,打过一个类似的比方。

> 生而眇者不识日,问之有目者。或告之曰:"日之状如铜盘。"扣盘而得其声。他日闻钟,以为日也。或告之曰:"日之光如烛。"扪烛而得其形,他日揣籥,以为日也。

生下来就双目失明的人不认识太阳,问有眼睛的人太阳是什么样子的。有人告诉他:"太阳的样子像铜盘。"于是他敲响铜盘,听到了它的声音。有一天,他听到与铜盘声相近的钟声,于是就把钟当作太阳。有人告诉他说:"太阳的光像蜡烛。"他便用手摸蜡烛,记住了它的形状。有一天,他抚摸一支形状像蜡烛的乐器籥,又把它当作太阳。

"酸甜苦辣咸"都是味,但最让人回味不已的却是清淡的味道。清淡和味道,像一对反义词,其实清淡是所有味道的糅合与归宿。好比苦和乐都不可长久,苦乐过后的清欢才是最值得品咂的。

苏轼早在密州做太守时,在《超然台记》就写道:"凡物皆有可观。苟有可观皆有可乐，非必怪奇玮丽者也。哺糟啜漓皆可以醉，果蔬草木皆可以饱。""无往而不乐者，盖游于物之外也。"游于物外，不凝滞、不苛求，自然无往而不乐。

苏轼还写过一篇文章说"苦与乐"：

乐事可慕，苦事可畏，皆是未至时心尔。及苦乐既至，以身履之，求畏慕者初不可得，况既过之后复有何物？此之寻声捕影、系风逐梦尔……

孔子曾经问弟子们的志向，众弟子纷纷说欲做王侯将相，治国牧民、复兴礼乐。只有曾点说："我向往一个场景，暮春时节，春装做好了，和五六个青年，六七个少年，在沂水边洗澡游泳，在祭坛下乘凉，唱着歌回家。"孔子喟然长叹一声，说："我与曾点一道去吧。"

苏轼和好友到郊外去玩，在南山喝了浮着雪沫乳花的午茶，配着春日山野里的蓼菜、茼蒿、新笋，不由发出赞叹："人间有味是清欢。"

苏轼与孔子，都是深谙清欢之味的达者。"清欢"可以理解成"清淡的欢愉"，但又不完全如此。我们不知道它是什么，但我们知道它不是什么。

它不是李白"人生在世不称意，明朝散发弄扁舟"那样的自我放逐；它不是杜甫的"人生有情泪沾臆，江水江花岂终极"这样的悲痛；它不是纳兰容若"情到多时情转薄，而今真个悔多情"的无奈哀伤；它也不是王国维"人生只似风前絮，欢也零星，悲也零星，都作连江点点萍"的这种刻骨感触。

清欢是什么味道？引用苏轼的比喻：有舌人自知。

人间有味是清欢，不独美食、风景与人生，文字亦然。

注释

①刘倩叔：泗州人，曾随其父典眉州。南山：泗州南郊风景地。东坡自注：南山名都梁山，出都梁香故也。

②午盏：午茶的杯盏。

③蓼茸：野菜的嫩芽。蒿笋：谷类茎秆，亦称蒿把，秋季产于田塘畔。春盘：古时立春日，取萝卜、芹菜等生菜、果品置于盘中送人，表示贺春、迎新之意。

青山似欲留人住

「归隐田园」是苏轼念叨了一生的话题。他心中装着青山,却一直空喊口号,不为贪恋俗世繁华,只为不负胸中抱负。被迫的,在黄州他实现了躬耕的愿望。在这里,他发现了陶渊明的秘密。在这里,苏轼变成了陶渊明。但苏轼与陶渊明不同,他即使身处田园,也留了一只脚在他热爱的人间。所以他永远也做不了纯粹的隐士。

浣溪沙 感旧

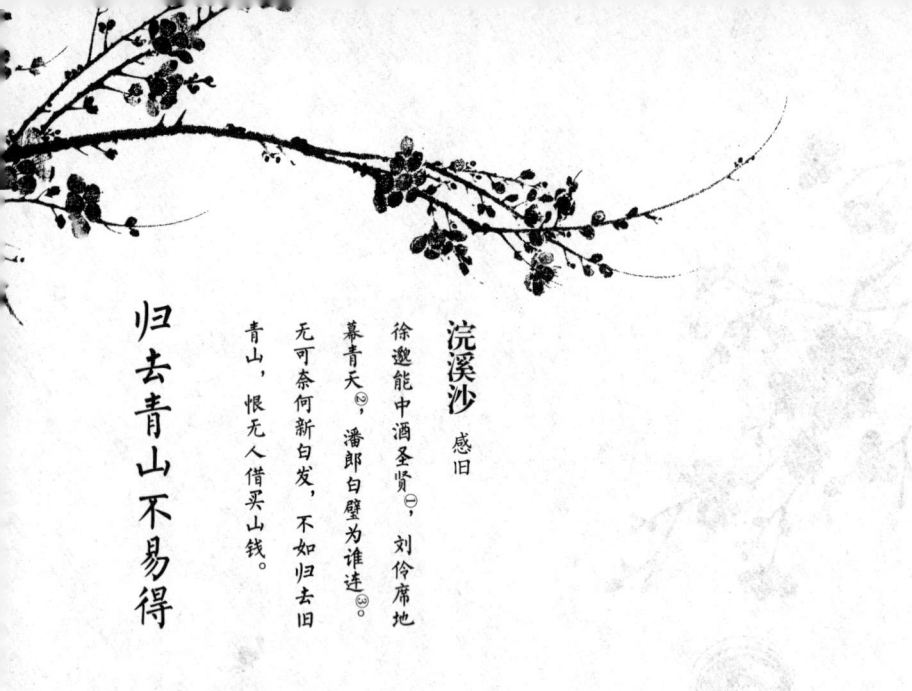

徐邈能中酒圣贤[1],刘伶席地慕青天[2],潘郎白璧为谁连[3]。

无可奈何新白发,不如归去旧青山,恨无人借买山钱。

归去青山不易得

达则兼济天下,穷则独善其身;出则儒,入则道;进则治国经邦,退则修身齐家。在庙堂与江湖之间,士人不断寻找抉择着自己的位置。苏轼的一生中,嘴边一直挂着"归去""田园""青山",但这大概是最早的一次。为何人方年少气盛,出仕未到几年,他却念叨起"旧青山"来呢?

宋神宗熙宁五年(1072年)苏轼作此词于杭州。朋友在来信中也劝他"诗酒自娱",言外之意便是远离政治、独善其身。他在诗中流露"已有归蜀计"。他想要离开政争繁炽的帝国核心地带,回到宁静的蜀地故乡。

故事要从头说起。

宋神宗熙宁二年（1069年），苏轼葬了父亲和发妻王弗，结束了丁忧④，带着新婚的妻子和弟弟返回京师。这一年注定要记入史册，因为这是王安石新政开始的时间。从此华夏大地被卷入以"变法"为中心话题的汹涌政潮中，直到北宋灭亡。王安石、司马光、苏轼等人的命运都随着这股大潮跌宕翻滚。

面对承平百年积累下的弊端，新即位的宋神宗励精图治却求治过急，还正好碰到了极坚定而极自负的理性主义者王安石。一个欲做千古明君，一个欲做古今能臣，自然一拍即合。谁也没有料到，皇帝为支持新法，竟不惜与满朝文武为敌。谁反对新法，皇帝便立马将他罢黜。苏轼回京之后的两年中，稳重的老臣如韩琦、欧阳修、文彦博纷纷离朝。

宋神宗野心勃勃，王安石气势日张，司马光在给皇帝的奏折中说："安石以为贤则贤，以为愚则愚；以为是则是，以为非则非。谄附安石者，谓之忠良；攻难安石者，谓之缠愿。"

恰在此时，苏轼跳了出来，他以一篇《上神宗皇帝万言书》毅然站在变法大潮的对立面上。此时变法已有雷霆万钧之势，苏轼难道不懂皇帝的意志、王安石一派的手段？当然不会。明知螳臂当车，苏轼仍然要做此"不智之举"。

在万言书中，苏轼毫不客气，极言新法之不便，直斥王安石"造端宏大，民实惊疑；创法新奇，吏皆惶惑"，"物议沸腾，怨仇交至"。苏轼甚至说，因推行新政，皇帝已失去民心，皇帝和当权者已不为清议所容。

苏轼或许希望以痛快的笔墨浇醒陷于迷雾中的君王。

但很不幸，上书之后石沉大海。他却并不打算罢休。苏轼在宋神宗熙宁四年（1071年）任告院权开封府推官，在任期间，他出了一道乡试考题《论独断》，全题是：晋武平吴，以独断而亡；齐小白专任管仲而罢；燕哙专任子之而败。事同而功异，何也？这哪里是考题，分明是向"当代独夫"王安石下的战书。

王安石被激怒了。他手下的那群宵小对苏轼咬牙切齿，开始捏造事端，构陷这位不知天高地厚的书生。一个流言悄悄地自京师传播开来，说苏轼在运送父亲灵柩回四川时，曾滥用官家的兵士，并购买家具瓷器，甚至偷运私盐从中牟利。

朝廷的调查人员奔向苏氏兄弟运送灵柩经过的各省，流言没有被证实，但皇帝对苏轼的信任受到了沉重的打击。司马光离开京都前，皇帝对他说："好像苏轼人品欠佳，卿对他评价过高了。"在那个生杀予夺出自一人的时代，这是十分危险的征兆。苏轼不敢继续待在暴风眼里了，于是恳请外放。

在苏轼收拾行囊准备赴任杭州的时候，司马光也退回洛阳安心去修他的史书。变法派完胜，反对派惨败，朝堂上死一般的安静，再也听不到反对之声。

此时再读苏洵当年写的《辨奸论》，方知他的先见之明。

那是苏、王两家交恶的开始。当年王安石尚居卑位，但以其文章、才干和不拘小节的生活作风赢得许多人的青睐。史书这样说王安石："性不好华腴，自奉至俭，或衣垢不浣，面垢不洗。"衣服不洗也就罢了，脸也不洗。

许多人以这种"不近人情"的风格推崇王安石为名士，仿佛魏晋诸贤转世。但苏洵却预言此人将误天下苍生。在《辨奸论》一文中，苏洵形容王安石为"衣臣虏之衣，食犬彘之食，囚首丧面而谈诗书"，说他"阴贼险狠，与人异趣"，并断言"不近人情之人，鲜不为大奸慝"。

昔日苏洵言之谆谆，众人却听之邈邈。而今"大奸"已成气候，大祸正在酝酿。一切为时已晚。西湖畔的苏轼，在听风弄雨之际，只好无奈地感叹"不如归去旧青山"。

但苏轼真的准备远离尘世，潜心归隐了吗？若是如此，为什么几年之后会发生"乌台诗案"？为什么苏轼得了"毁谤新法"的罪名？

从杭州开始，苏轼任地方官达八年之久，京城的城门都对他关闭了，所谓"有旨不许入国门"。但这几年间，苏轼完成了一个关心民瘼、果决任事的良吏形象。在杭州赈济灾荒，在密州抗击蝗灾，在徐州抵御洪灾。百无一用是书生，而苏轼除外。同时他并未忘怀国事，诗词中对新法的议论也从未间断。

在政治舞台上的第一幕，苏轼就扮演了失败者的角色，这无疑会令这颗众人瞩目的新星受到打击。但一时的失意之情不会把一个人变成失望之人。苏轼身退了不假，消极了不假，但并未在命运帐前举白旗。人生如弦上之箭，一旦射出便无后退的余地，何况这是一支决绝、勇敢的箭。归去岂易得？

注释

①徐邈：三国魏人。曹操严禁饮酒。徐邈身为尚书郎，私自饮酒，违犯禁令。当下属问询官署事务时，他竟说"中圣人"，意思是自己饮多了酒。因当时人讳说酒字，把清酒叫圣人，浊酒叫贤人。后世遂以"中圣人"或"中圣"指饮酒而醉。

②刘伶：魏晋之际的名士，著《酒德颂》云："居无室庐，幕天席地。"

③"潘郎"句：夏侯湛死后，潘岳和谁合称连"白璧"。

浣溪沙

徐门石潭谢雨[一]，道上作五首。

照日深红暖见鱼，连溪绿暗晚
藏乌，黄童白叟聚睢盱[二]。

麋鹿逢人虽未惯，猿猱闻鼓不
须呼，归家说与采桑姑。

使君元是此中人

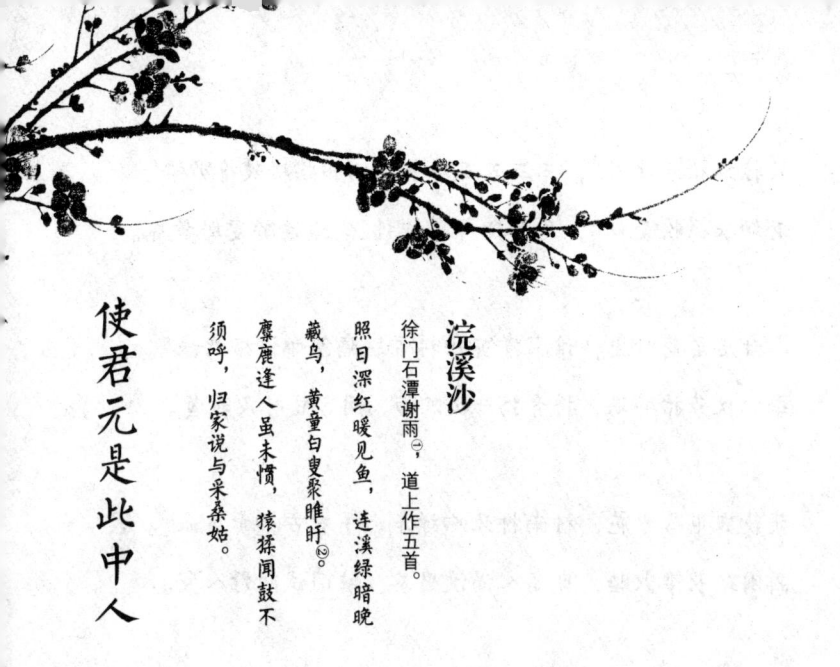

苏轼仿佛一生都在求雨。

在陕西凤翔，天大旱，他去太白山祭山神、祈雨。

在山东密州，天大旱，他率众人去常山求雨。

宋哲宗元丰元年（1078年），苏轼在徐州做知州，是年春，徐州大旱。苏轼照例率部属前往徐州城东二十里的石潭为民求雨。

苏轼每次求雨都比较准，因为我们总能看到得雨之后他去谢神的记载。这次徐州求雨也不例外，不久甘霖普降，旱情解除，苏轼照例前往石潭谢雨。归来途中，这组《浣溪沙》乡村风景画问世了。

苏轼在石潭谢雨的道上共作了五首《浣溪沙》，除了起首的一首，还有四首为：

旋抹红妆看使君[3],三三五五棘篱门。相挨踏破蒨罗裙。
老幼扶携收麦社[4],乌鸢翔舞赛神村[5]。道逢醉叟卧黄昏。

麻叶层层苘叶光,谁家煮茧一村香。隔篱娇语络丝娘[6]。
垂白杖藜抬醉眼,捋青捣䴴软饥肠。问言豆叶几时黄。

簌簌衣巾落枣花,村南村北响缫车。牛衣古柳卖黄瓜[7]。
酒困路长惟欲睡,日高人渴漫思茶。敲门试问野人家。

软草平莎过雨新,轻沙走马路无尘。何时收拾耦耕身[8]。
日暖桑麻光似泼,风来蒿艾气如薰。使君元是此中人。

这次徐州旱情原本十分严重,苏轼有诗云:"东方久旱千里赤,三月行人口生土。"所以天神应求降雨之后,身为一州长官的苏轼十分喜悦,与百姓的心情无二。苏轼是一个爱民之官,这点毫无疑问。在凤翔府,他上书朝廷呼吁免除百姓欠官府的债务;在扬州,他停办芍药万花会,以免官员借机搜刮民脂民膏;他自掏腰包,用五十两金补助公库,在城中设置病坊,取名安乐坊,以和尚当主持,两三年之间,医好上千人。凡此种种,不胜枚举。

但如果仅以"爱民"来形容苏轼,却又显得不够贴切。因为与一般的官员不同,苏轼的出发点不是政绩和仕途,而是内心深处对百姓的同情。他不会以官民二分法来看待百姓,而是把自己当成他们中的一员,不邀宠求进,也不假隐钓誉,只是与百姓同忧同喜。

若没有这份同情心,这组田园风光词也不会如此清新活泼、生机盎然。以往诗词中出现的农村景象,要么辛酸悲苦如杜甫的"三吏",要么过于隐秘浪漫如王维的"人闲桂花落,夜静春山空"。像苏轼这样立足"乡村本位"的白描手法,之前大概只有陶渊明用过。这样的词却是最动人的,无他,只因"使君元是此中人"。

这组词是因谢雨而起,却没有一处直写谢雨之事,但全词无往而非喜雨、谢雨的情事。以第一首为例,出场的有石潭中的鱼、不见踪影只闻啼噪的乌鸦、不惯行人的麋鹿、听到鼓声的猿猱,还有黄发的小儿、白发的老人、隐而未见的采桑姑。通篇看来,全是对风土人情的随意点染。但如果再想一下,黄童白叟开心地聚在一起,所为何事?与麋鹿相逢的又是何许人?猿猱听到的又是哪里的鼓声?人们回家跟采桑姑诉说的又是什么故事?答案当然都是:随太守而来的盛大而喜庆的谢雨仪式。

到了第二首,场景就要热烈多了。太守出城谢雨的消息传遍村庄,姑娘们才不会因"弄妆梳洗迟"错过围观太守的机会,她们"旋抹红妆"就出了门。她们对太守的风采好奇心切,三三两两聚在左邻右舍门前观看。围观者的心情不难理解,毕竟这位太守是"名为天下重"的才子。被围观者记载这次经历的语气才更值得注意,你仿佛能看见苏轼淡定自若的步伐和微微扬起的嘴角。

时值初夏,麻叶层层,正是春蚕已老,茧子丰收的时节。谁家在煮茧?香气飘满整个村子。缫丝的妇女娇媚悦耳的谈笑声阵阵传来。苏轼心想,这些女子肯定是隔着篱笆墙说话。因为江南养蚕的人家有个禁忌,蚕时不得到别家串门。苏轼走进一家农户,一位老人正在捋青捣䴬。太守自然地跟他话起家常,问言今年的豆子什么时候熟啊?

太守及随从继续前行。花落行人衣上,有簌簌之声,唯枣花有此声效。簌簌声旋即被嘈杂的风雨声盖过,是何物?缫车。再行,天热,欲寻柳荫,却见树下早有身穿牛衣的人在摆摊卖黄瓜。酒困,路遥,人倦。太阳高照,口渴,无茶。怎么办?此时方知,农野之家远胜名士洞府,于是去路边的人家叩门讨茶。

写到第五首,终于切到谢雨的正题。久旱初雨,软草平莎全部被洗净了。沙路无尘,马蹄轻快。马上之人的心情可想而知。畅快之余,归隐田园的念头又在苏轼心中荡漾起来:"何时收拾耦耕身？"他还是没有下定决心。于是他继续走马观光：阳光明媚，桑麻欣欣向荣，光泽鲜亮宛然若"泼"；暖风袭人，挟带着蒿艾的熏香。

苏轼真有一种回到家乡的感觉，心想我本来就是村中人，若非世代务农，又怎会如此了解乡野之乐？苏轼《题陶渊明诗》云："非余之世农，亦不能识此语之妙也"，可为佐证。

作为一个诗人，苏轼的审美对象也是农人和农村。苏轼说"我本麋鹿性，谅非伏辕姿"。在心底里他与"面朝黄土背朝天"的农人是一体的。农人沐浴天地的恩泽，也承受天地施与的痛楚，他们食己之力，不窃、不夺，在苏轼心里，他们才是更高贵、更自由的人群。

注释
① 徐门：指徐州。
② 睢盱：欢乐的样子。
③ 使君：太守，知州，苏轼自称。
④ 收麦社：指农家祈雨祭土地神的活动。
⑤ 赛神：古代礼俗，用仪仗、鼓乐、杂戏迎神出庙，周游街巷。
⑥ 络丝娘：即莎鸡，一种鸣叫如纺织声的昆虫。此处喻指缫丝妇女。
⑦ 牛衣：用粗麻编织的衣服。
⑧ 耦耕：两人并耜（古农具名，形似锹）而耕。

江城子

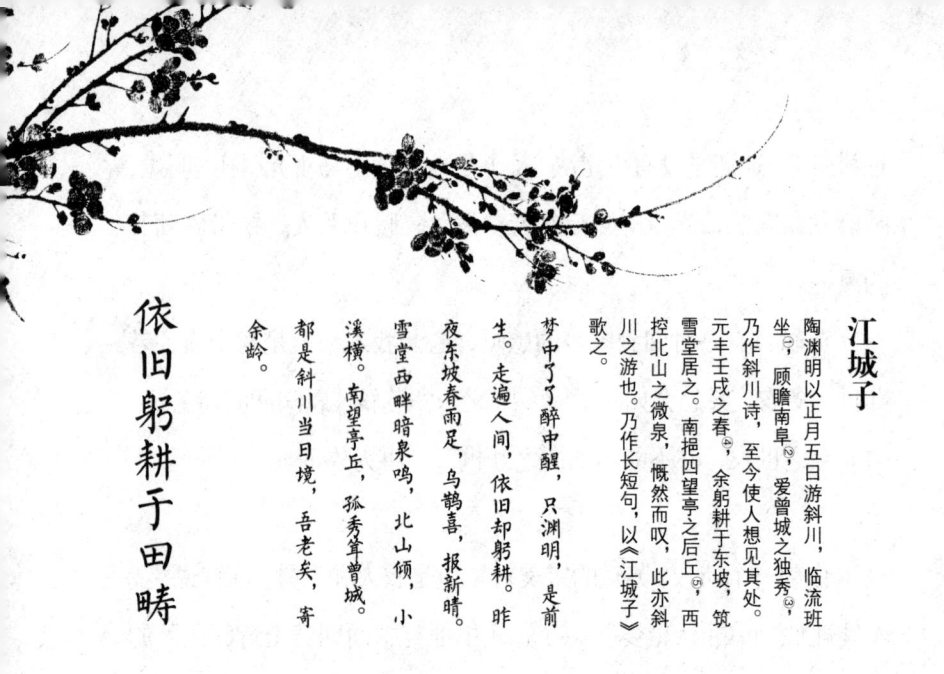

陶渊明以正月五日游斜川,临流班坐[一],顾瞻南阜,爱曾城之独秀[三],乃作斜川诗,至今使人想见其处。元丰壬戌之春[四],余躬耕于东坡,筑雪堂居之。南挹四望亭之后丘[五],西控北山之微泉,慨然而叹,此亦斜川之游也。乃作长短句,以《江城子》歌之。

梦中了了醉中醒,只渊明,是前生。走遍人间,依旧却躬耕。昨夜东坡春雨足,乌鹊喜,报新晴。

雪堂西畔暗泉鸣,北山倾,小溪横。南望亭丘,孤秀耸曾城。都是斜川当日境,吾老矣,寄余龄。

依旧躬耕于田畴

苏轼以"东坡"名于后世。东坡是苏轼在黄州的躬耕之地,其由来与闲情雅致无干,而是为了解决最基本的生存问题。一块为填饱肚子而开辟出来的荒地,经苏轼的"垦殖",最后竟成了最负盛名的诗意栖居之所。

苏轼是宋哲宗元丰三年(1080 年)二月来到黄州的,最初住在定惠院僧舍。"布衣蔬食,随僧一餐",倒也简便。五月,苏辙护送家眷到来,苏轼的日子就不好过了。由于太守的照顾,全家得以在临皋亭借住,但衣食之忧随之而来。黄州团练副使虽然也是个芝麻官,但苏轼已领不到俸禄,再加上向来不善经营,苏轼的所有积蓄仅够一年之用。

在给门生秦观的信中,苏轼讲述了他的"节财小窍门":

日用不得过百五十，每月朔（初一）便取四千五百钱，断为三十块，挂屋梁上，平旦用画叉挑取一块，即藏去叉，仍以大竹筒别贮用不尽者，以待宾客。……度囊中尚可支一岁有余，至时别作经画。

苏轼颇会宽慰自己："口腹之欲，何穷之有，每加节俭，亦是惜福延寿之道。"但一年之后积蓄耗尽，该作什么"经画"呢？苏轼没有交代。我们只知道，趁这一年无忧，苏轼时常布衣芒鞋而出，与渔樵为伍。他有时候拿弹弓击打江水为乐；有时候泛舟江上，漂到哪里算哪里。游得兴起，甚至过了郡界，数日不返，让负责监视他的地方官十分头疼。

逍遥的日子如箭飞逝，到了第二年，苏轼不得不面对囊中羞涩的困境了。

在这时，长期追随他的穷书生马正卿替他向官府请得一块数十亩的旧营地。地在黄州城东的山坡上，故名"东坡"。东坡不是肥美的沃野，而是荒芜已久的"茨棘瓦砾之场"。这年恰逢大旱，垦辟之劳让苏轼筋力殆尽。但对来年丰收的期望，使所有劳作之苦都有了意义。

把东坡的荒地垦辟成良田之后，苏轼又在坡上营造了一座房屋。这年冬天黄州大雪数尺，十二月二日微雪，至二十五日大雪始晴。新居是在大雪中建成的，之后苏轼又展丹青妙手在房屋四壁上绘满雪景，故名此堂为"雪堂"。

宋哲宗元丰五年（1082年）初春，苏轼躬耕于东坡，居住于雪堂。地是自辟，堂是自建，又逢春雨下足、丰收有望，苏轼站在堂前怡然四望。南瞰有超拔挺立的四望亭，西望有潺潺流淌的微泉。出神之际，苏轼仿佛置身陶渊明斜川之游的队伍里。

晋安帝义熙十年（414年），陶渊明五十岁。正月初五，天气澄和，风物闲美，陶渊明与二三邻里同游斜川，作诗《游斜川》。

陶渊明的诗"质而实绮，癯而实腴"（苏轼语），平白如话，直接摘录几乎没有阅读障碍：

临长流，望曾城。鲂鲤跃鳞于将夕，水鸥乘和以翻飞。……欣对不足，率尔赋诗。悲日月之遂往，悼吾年之不留。

开岁倏五日，吾生行归休。念之动中怀，及辰为兹游。气和天惟澄，班坐依远流。弱湍驰文鲂，闲谷矫鸣鸥。……未知从今去，当复如此否！中觞纵遥情，忘彼千载忧。且极今朝乐，明日非所求。

陶渊明诗中几乎篇篇有酒，人们知其爱酒，但未必懂得他的酒趣。陶渊明自言："余闲居寡欢，兼比夜已长，偶有名酒，无夕不饮，顾影独尽，忽焉复醉。"世人常在互相应酬中彼此灌醉，陶渊明却在与影子对酌时把自己浇醉，何故？苏轼一句"醉中了了梦中醒"得其真味。

苏轼和陶渊明一样，饮酒不为消愁、不为逃避，而是在微醺中反而能看到更加真实的自己。苏轼在后来作的《和陶饮酒诗二十首》序云："吾饮酒至少，常以把盏为乐，往往颓然坐睡。人见其醉，而吾中了然，盖莫能名其为醉为醒也。"他们在醉中或梦中都是清醒的，甚至比不醉不梦时更清醒。

陶渊明在《饮酒·其五》中写道：

结庐在人境，而无车马喧。
问君何能尔，心远地自偏。
采菊东篱下，悠然见南山。
山气日夕佳，飞鸟相与还。
此中有真意，欲辨已忘言。

苏轼这次是"地偏心更偏"了。陶渊明不为五斗米折腰，主动辞官归田，结庐于庐山脚下。苏轼有过"致君尧舜"之志，有一呼百应的号召力，却遭小人陷害，贬谪黄州，衣食无着之际，被迫躬耕于东坡，可以说是"为五斗米折腰"。两人的人生经历可谓"异曲同耕"。

陶渊明的斜川、曾城、菊、篱、南山、飞鸟，和苏轼的东坡、春雨、雪堂、乌鹊，本非奇境，但一经诗人点出却诗意十足。可见一个人心中有什么，眼中便有什么。

　　昭明太子萧统说，读陶渊明之文有以下"功效"：驰竞之情遣，鄙吝之意怯，贪夫可以廉，懦夫可以立，岂止仁义可蹈，亦乃爵禄可辞。苏轼之慕渊明，大意亦在此吧，而不止于摹效躬耕、排遣寂寞。

注释
①临流班坐：面对河流，依次而坐。
②南阜：南山，指庐山。
③曾城：又名层城，传说中昆仑山的最高级，系太帝之居。这里指庐山北面的鄣山。
④元丰壬戌：元丰五年（1082年）。
⑤中觞：饮酒中间。

杨花点点离人泪

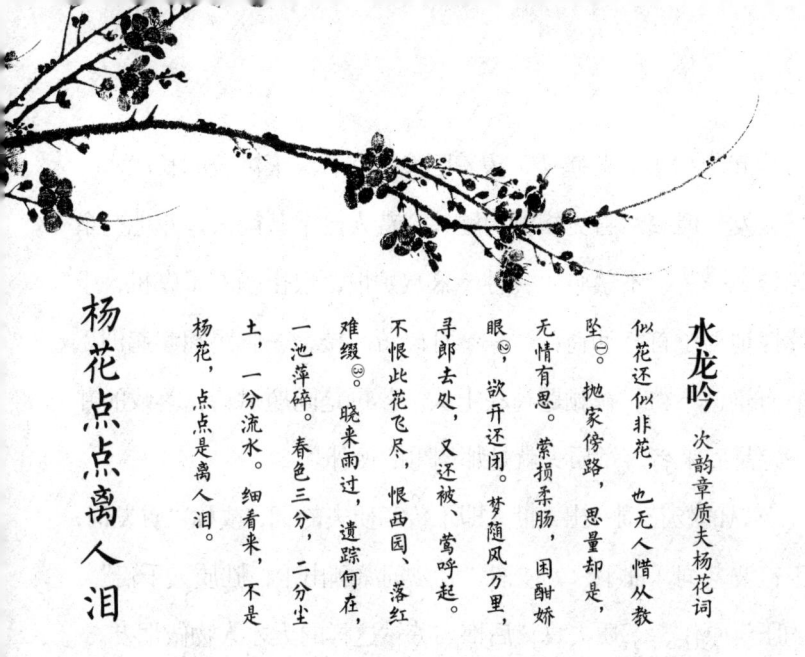

水龙吟

次韵章质夫杨花词

似花还似非花,也无人惜从教坠①。抛家傍路,思量却是,无情有思。萦损柔肠,困酣娇眼②,欲开还闭。梦随风万里,寻郎去处,又还被、莺呼起。

不恨此花飞尽,恨西园、落红难缀③。晓来雨过,遗踪何在,一池萍碎。春色三分,二分尘土,一分流水。细看来,不是杨花,点点是离人泪。

苏轼想起咏杨花的时候,其友人章质夫的杨花词《水龙吟》已是传诵一时的名作,于是他步了章质夫的旧韵,隐含赛诗的意味。

且看章质夫的《水龙吟·咏杨花》:

燕忙莺懒花残,正堤上、柳花飘坠。轻飞点画青林,谁道全无才思。闲趁游丝,静林深院,日长门闭。傍珠帘散漫,垂垂欲下,依前被、风扶起。

兰帐玉人睡觉,怪春衣、雪沾琼缀。绣床渐满,香球无数,才圆却碎。时见蜂儿,仰粘轻粉,鱼吹池水。望章台路杳,金鞍游荡,有盈盈泪。

当年李白来到黄鹤楼,望着巨浪排空、滚滚洪流的长江水,诗兴大发。但突然看见崔颢的题诗"昔人已乘黄鹤去,此地空余黄鹤楼……",不禁心生各种羡慕嫉妒恨,恨崔颢占了先机,于是悻悻地写了首打油诗:"一拳打碎黄鹤楼,一脚踢翻鹦鹉洲。眼前有景道不得,崔颢题诗在上头。"可是同题赋诗,落败的并不一定是后来者,章质夫就是那倒霉的例外。

苏轼的杨花词一出,世人即不传章质夫的词,或称"质夫词,手工;坡老词,仙手",或谓"坡公词潇洒出尘,胜质夫千倍"。次韵压倒原作,章质夫真该后悔与苏轼这样的天才人物做朋友。

王国维在《人间词话》中肯定苏轼此词是"最工"的咏物词,之后还不忘挖苦章质夫:"东坡《水龙吟》咏杨花,和韵而似原唱;章质夫词,原唱而似和韵。"山寨压过原创,原创竟更成了山寨。人的才华高下真不可勉强。正如欧阳修名言:"文章如精金美玉,市有定价,非人所能以口舌定贵贱也。"

"杨花"是古诗词中常出现的意象,但它与杨树无关,而是指柳絮。古人一般称柳树为杨柳,故柳絮也常被称为杨花。

柳絮本非花,准确地说,它是柳树的种子和种子上附生的茸毛。苏轼说它"似花还似非花"表达的就是这种疑虑,人们称它为"花",或许是出于对其"抛家傍路"的悲惨命运的怜惜吧。谁会认真计较呢?

在"常含泪水"的诗人眼里,杨花是飘零离散的象征,生来就是流落人间的命运。它们是那么轻,那么柔,仿佛没有重量,没有筋骨。它也不香、不艳,连世人的怜悯都挣不到。

北魏胡太后作过一首《杨白花》:

阳春二三月,杨柳齐作花。
春风一夜入闺闼,杨花飘零落南家。
含情出户脚无力,拾得杨花泪沾臆。
春去秋来双燕子,愿衔杨花入窠里。

相传这首词是为她远在南国的情人写的。胡太后本名胡承华,是北魏司徒胡国珍的女儿,被宣武帝召到后宫。她为宣武帝生下一个儿子,此儿三岁时被立为太子。宣武帝驾崩,太子继位,由于皇帝年龄太小,胡太后亲理朝政,一时大权在握。

当时,有一个年轻将军叫杨白花,是北魏名将之子,"少有勇力,容貌瑰伟"。胡太后难耐寡居的寂寞,逐渐看上了杨白花,屡屡招入后宫示爱。杨白花虽不情愿,但最终还是屈服于太后的威逼利诱。杨白花本是有志之人,私下常以此为耻,加上畏惧大祸来临,小皇帝越来越大,随时都可能发现自己与太后的私情。于是在父亲死后,杨白花"拥部曲,载父尸"投奔了南朝梁国,还把名字改成了杨华。

杨华逃去之后，胡太后日夜思念，但又无法声张，百啭愁肠写了这首《杨白花》。杨白花，是柳絮亦是人名。"春风一夜入闺闼"，女人的柔肠被春风化开，但美好的时光一晃即逝，转眼"杨花飘零落南家"。胡太后心中有怨——拾得杨花泪沾臆，有念——愿衔杨花入窠里。但若胡太后真的解情，她对杨华不应有恨，这样的结果对这段扭曲的感情来讲，不是最坏的。

从飞离树枝的那刻起，杨花才算有了自己的生命，可它掌握不了自己生命的行程。它可以随风飞扬，却也难逃被雨水浇成"一池萍碎"。所以流落的文人和薄命的红颜，才会在杨花身上看到自己的命运。

注释
①从教：任凭。
②娇眼：美人娇媚的眼睛，比喻柳叶。古人诗词中常称初生的柳叶为柳眼。
③缀：连，系。

最是橙黄橘绿时

浣溪沙 咏橘

菊暗荷枯一夜霜。新苞绿叶照林光。竹篱茅舍出青黄。

香雾噀人惊半破,清泉流齿怯初尝。吴姬三日手犹香。

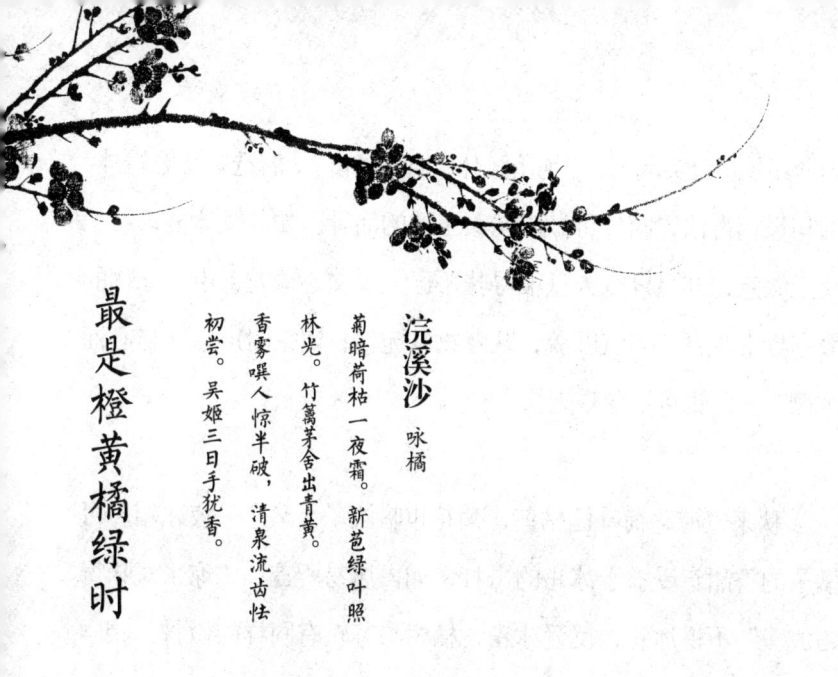

南国多橘,楚地更是橘树的故乡。《汉书》盛称"江陵千树橘",江陵即在黄州附近。苏轼到黄州之后,领略到这一胜景,更亲身体会到橘树的高贵品格。苏轼的这首咏橘词,让人惊叹之处并非构思、用词的巧妙,而是入微的观察和盎然的情趣。若无一颗对生活永远保持新鲜感的心,是断不能到达这样的妙处的。

咏物诗词分两种,一种延续《诗经》以来的美刺传统,托物言志,每写一物,即寓一意。这是咏物"正宗",历来频有佳作,如骆宾王《咏蝉》:"西陆蝉声唱,南冠客思深。不堪玄鬓影,来对白头吟。露重飞难进,风多响易沉。无人信高洁,谁为表予心?"一声声蝉鸣,其实是一句句心声。

而另一种写法,直写物象的纯粹咏物,相比之下,似乎却沦为非主流。但实际上,"纯用赋体,描写确肖",若选材练意得体、酌句谋篇得法,同样可做出精美工致的活计。如苏轼咏橘,虽平淡无深意,亦足以令人低徊寻味不已。《文心雕龙》中,咏物的最高标准是:"写气图貌,既随物以宛转;属采附声,亦与心而徘徊"。此词可谓丝毫无愧。

秋来气凉,荷叶已枯黄,菊花也暗淡了,又逢一夜冰霜。可橘子的香甜竟受益于冰霜的击打,如白居易所言:"琼浆气味得霜成。"不惧冰霜,反爱冰霜,橘树与苏轼有同样的傲骨。相同的寓意,苏轼还写过一首诗《赠刘景文》:

荷尽已无擎雨盖,菊残犹有傲霜枝。
一年好景君须记,最是橙黄橘绿时。

常人写秋景,大多一味悲秋。西风落叶,本亦可悲,但悲得多了,就只见牙慧不见悲意了。苏轼没有悲人之悲,反以橙黄橘绿写出秋天里的勃勃生机,是对朋友品格和操守的夸赞,也可看作是对自我的慰勉。

这首词没有沿着傲霜精神写去,只是点到为止,最妙的是过片三句,准确地说是三个词:惊半破、怯初尝、手犹香。惊,惊于橘皮迸裂时香雾溅人;怯,怯于橘汁的凉冷和酸叶。谁惊谁怯?

吴姬。江南少女手留余香，词的读者心有余味。

苏轼对于喜欢的事物，从不吝惜笔墨，他还有《食柑》诗：

一双罗帕未分珍，林下先尝愧逐臣。
露叶霜枝剪寒碧，金盘玉指破芳辛。
清泉蔌蔌先流齿，香雾霏霏欲噀人。
坐客殷勤为收子，千奴一掬奈吾贫。

橘树是一种奇特的树种，春秋时期的晏子就注意到，"橘生淮南则为橘，生于淮北则为枳"。它挑选水土，只在楚国大地上才甘愿结出甜美的果实。"良禽择木而栖，贤臣择主而事"，良木择地而生。屈原年少时，曾咏橘明志。在那常含泪水的眼睛里，这份"受命不迁，生南国兮"的执着，是可贵而可傲的。

嗟尔幼志，有以异兮。独立不迁，岂不可喜兮？深固难徙，廓其无求兮①。苏世独立②，横而不流兮③。闭心自慎④，终不失过兮。秉德无私，参天地兮。愿岁并谢，与长友兮。淑离不淫⑤，梗其有理兮⑥。年岁虽少，可师长兮。行比伯夷，置以为像兮⑦。

屈原以橘自比，以伯夷为榜样，并非说说而已。"正道直行，竭忠尽智"的屈原，遭小人谗间，被楚王放逐，忧愁幽思而作《离骚》。以屈原之才，本可游仕他国，但他秉持"受命不迁，生南国兮"的橘树之性，宁愿神色憔悴地在祖国的荒野里浪游。

  渔夫问屈原，原来的国家大臣，何以沦落至此？
  屈原答，举世混浊而我独清，众人皆醉而我独醒，所以被放逐。
  渔夫教导他说，"圣人"就要能与世浮沉，举世混浊，何不随波逐流？众人皆醉，何不与他们一起醉？

  渔夫的教导常为后世的犬儒主义者引用，来为他们的"聪明选择"做依据。与明心蒙尘的侮辱相比，屈原觉得葬身江鱼腹中反而是更好的选择，于是他选择了汨罗江，永远抛弃了抛弃他的庙堂。

  同样被放逐，苏轼躬耕于黄州，自牧自耕、自斟自饮、自娱自乐，比屈原多了潇洒自适，少了凄苦怨怼。

注释
① 廓：胸怀开阔。
② 苏世独立：独立于世，保持清醒。
③ 横而不流：横立水中，不随波逐流。
④ 闭心：安静下来。
⑤ 淑离：美丽而善良自守，离同"丽"。
⑥ 梗：正直。
⑦ 像：榜样。

何处心安是吾乡

苏轼早已觉出,人生就是一场大梦。这是每个人都要面临的困境和难题。难得的是在梦中清醒、自然、执着、永不丢弃自己。他在风光时没有得意忘形,失意时也没有哭天抢地。苏轼一向善于调整自己以适应环境,却有一样从未改变——胸中的浩然之气。所以他不怕鬼,也不怕小人,不怕厄运,也不怕好运。

一场大梦何时觉

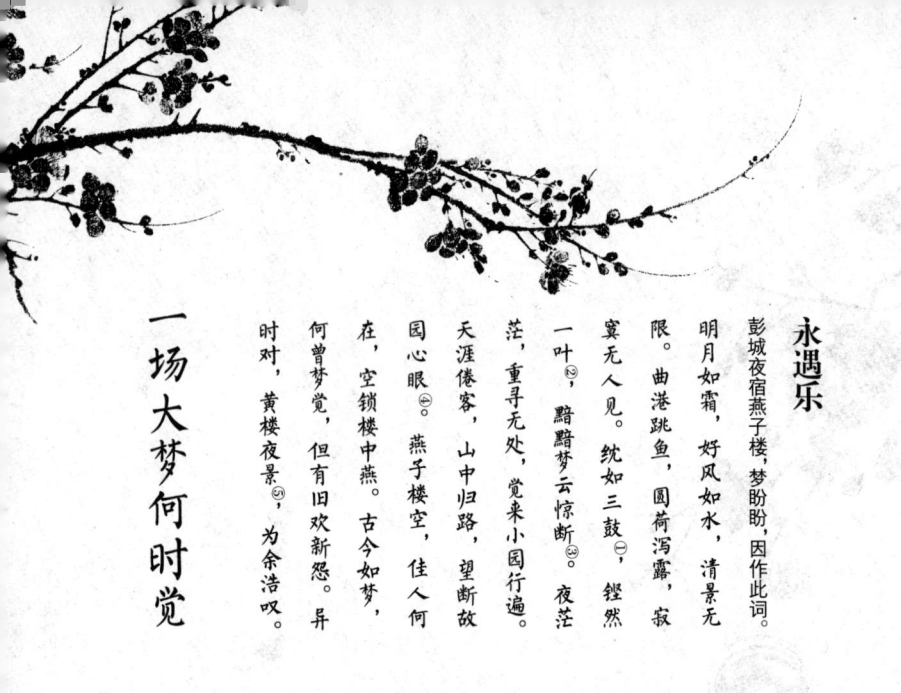

永遇乐

彭城夜宿燕子楼,梦盼盼,因作此词。

明月如霜,好风如水,清景无限。曲港跳鱼,圆荷泻露,寂寞无人见。紞如三鼓[一],铿然一叶[二],黯黯梦云惊断[三]。夜茫茫,重寻无处,觉来小园行遍。

天涯倦客,山中归路,望断故园心眼[四]。燕子楼空,佳人何在,空锁楼中燕。古今如梦,何曾梦觉,但有旧欢新怨。异时对,黄楼夜景[五],为余浩叹。

"庄周梦蝴蝶"大概是古往今来最知名的梦了。有一天,庄周梦见自己变成了蝴蝶,一只翩翩起舞的蝴蝶。蝴蝶非常快乐,悠然自得,不知道自己是庄周。一会儿梦醒了,却是僵卧在床的庄周。他疑惑了,不知是庄周做梦变成了蝴蝶,还是蝴蝶做梦变成了庄周?庄周的疑惑,疑惑了后世无数苍生,苏轼也是其中一个。

是做蝴蝶好呢,还是做庄周好?清人张潮一语道破:"庄周梦为蝴蝶,庄周之幸也;蝴蝶梦为庄周,蝴蝶之不幸也。"

在大国卿相和江湖散人之间,庄周选择了后者,他宁愿衣食无保"曳尾涂中",也不愿意位列庙堂虽生犹死。但是庄周可以拒绝名禄,却拒绝不了人的身份。再怎么无欲无求,他都摆脱不了养家糊口、读书治学的羁累，否则他何必去做那漆园小吏？彻底远离世俗的方式，只有偷闲做个蝴蝶梦了。可以想见，当梦醒发现自己依旧躺在床上时，这只"蝴蝶"是多么失望。

苏轼年少时读《庄子》，曾喟然叹息："吾昔有见于中，口未能言，今见《庄子》，得吾心矣。"书可以让隔绝千年的两个人相见恨晚，莫逆于心，其妙处简直像梦。苏轼读到了庄周的逍遥游，也读到了庄周的蝴蝶梦。

梦，可以让人挣脱肉身，也可以让人穿越古今。这天，苏轼夜宿徐州燕子楼，梦到了燕子楼的旧主人——关盼盼。

关盼盼是唐贞元中徐州守帅张愔的家伎，善歌舞，雅多风态。张愔宠爱关盼盼，特为其建燕子楼一座。白居易做校书郎时，自长安东出游到徐州、泗水一带，受到张愔设宴款待。席上酒酣之时，张愔请出不轻易见客的关盼盼歌舞助兴。关盼盼曼妙的舞姿和天籁般的嗓音给白居易留下了深刻的印象，白居易当即赠诗，诗中有句："醉娇胜不得，风袅牡丹花。"

白居易与关盼盼仅此一面之缘，从此再不相闻。两年后，张愔病逝。

白居易再次听到关盼盼这个名字时，已是十二年后。他的朋友张仲素作了三首《燕子楼》诗，白居易不解，问其缘由，张仲素才详道始末。原来张愔死后归葬于洛阳，张府的姬妾很快风流云散,只有关盼盼念旧爱始终未嫁,独守燕子楼已有十年之久。白居易感其情状,于是作了四首诗托张仲素带给关盼盼。

一支轻巧的笔,却重重地改写了关盼盼的命运。这位迂腐的诗人,在诗中说:"见说白杨堪作柱,争教红粉不成灰。"意思再明显不过:张愔墓上白杨已可作柱,红粉佳人若真的感念旧恩,与其在燕子楼"被冷灯残""空守寒月",何不甘作灰尘、追随于九泉之下?

关盼盼得诗,惊讶万分,万万没想到自己的十年痴守招来的却是误解和威逼。和着悲愤和泪水,关盼盼写下和诗自辩:

自守空楼敛恨眉,形同春后牡丹枝。
舍人不会人深意,讶道泉台不去随。

为明己志,关盼盼开始绝食,十天后终于如白居易所愿,香消玉殒于燕子楼。夫君早逝对关盼盼已足够残忍,十年空房对关盼盼已足够凄苦,但压垮她的最后一根稻草,却来自自己曾引为知己的白大诗人。她承受得了命运的无情,却承受不了人的无情。

苏轼梦到关盼盼,才子梦到佳人。关盼盼的命运早在历史上做过了结,却在苏轼的梦中重新活了起来。梦做完了,苏轼却停止不了梦中的脚步。

词的开头，梦就醒了，一片清幽之境突兀而至。明月如霜，洁白中泛着冷光；好风如水，温柔里沁着清凉。鱼儿跃出水面，泼刺有声；露珠滚落荷叶，叮咚作响。"寂寞无人见"是假，寂寞一人见是真。

苏轼何缘睹此良景？原来他是来寻梦的。在梦里，苏轼回到了唐朝，地点还是燕子楼。可是打鼓声和落叶声惊破了幽梦。好梦残断，怅然若失，于是有了寻梦之旅。夜色茫茫，但各处景物尚依稀可辨，可怎么也找不到梦中的那一处景色。苏轼踏遍小园，只寻到一腔的今昔之叹。

"天涯倦客"是苏轼诗词中反复吟咏的调子。刚出仕时苏轼就跟苏辙约好，他日当辞官还乡，归隐山林。后来每当仕途不如意的时候，他都重提此调。但吊诡的是，他屡屡"望断故园"、屡屡寻觅归路，但并没有真的归隐，甚至没有做过归隐的准备。与诗词中常常表达的倦怠相反，无论到哪里做官，苏轼都勤心政务，以图有所建树。

诗词中的消极浩叹与现实中的积极进取，构成苏轼生命中两道奇妙的风景线。事实上这两者并不矛盾，诗词的逻辑与生命的逻辑本来就是两条线。苏轼在诗词中抒发愁绪，不是因为无力应对现实，而是为了汇集更充沛的力量，在惨淡的人生中激起更多的水花。

不过在这里，我们不妨顺着苏轼的浩叹而浩叹。

燕子楼因关盼盼而闻名，斯楼虽存，斯人已去。一代代人就像在一轮轮梦中流转，任你帝王将相、才子佳人，都难逃循环的宿命。如果说燕子楼、关盼盼的前朝旧事都是梦，那么苏轼因梦关盼盼作词岂非是梦中之梦。

"异时对，黄楼夜景，为余浩叹"，一如王羲之所言"后之视今亦由今之视昔"。苏轼在为燕子楼浩叹的时候，已料到后人会为他的浩叹而浩叹了。一句魔咒，惹多少世人坠入这一梦的循环！

注释

①统如：击鼓声。
②铿然：形容清越的声响。
③梦云：典出宋玉《高唐赋》楚王梦见神女自云："朝为行云，暮为行雨。"云，这里比喻盼盼。惊断：惊醒。
④心眼：心愿。
⑤黄楼：徐州东门上的大楼，是苏轼担任徐州知州期间所建造。

满庭芳

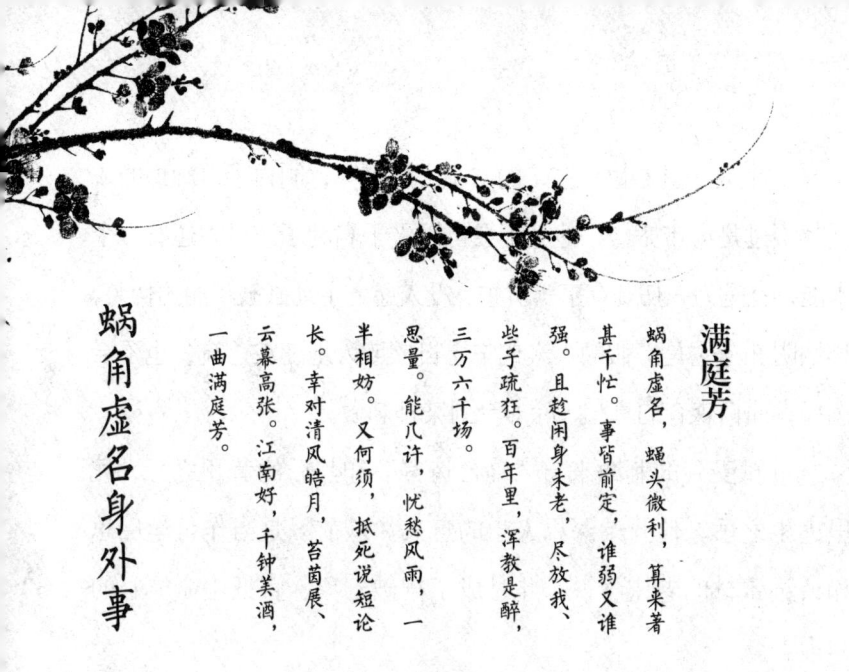

蜗角虚名,蝇头微利,算来著甚干忙。事皆前定,谁弱又谁强。且趁闲身未老,尽放我、些子疏狂。百年里,浑教是醉,三万六千场。

思量。能几许,忧愁风雨,一半相妨。又何须,抵死说短长。幸对清风皓月,苔茵展、云幕高张。江南好,千钟美酒,一曲满庭芳。

蜗角虚名身外事

曾经有一只蜗牛,蜗牛虽小,却身负两个国家。一个国家在蜗牛的左触角上,叫触氏帝国;一个国家在蜗牛的右触角上,叫蛮氏帝国。两个国家在蜗牛身上经常为争夺土地而发生战争,战况十分惨烈,常常伏尸数万,胜利者追亡逐北达五日之久……

以人类的眼光和经验来看,蜗牛角上的"帝国争霸"是滑稽而可笑的。可是蜗角上两个国家可不这么看,他们肯定认为一毫米、一微米的空间都意义重大,每一场战役、每一次战斗都是关键的转折点。

"只缘身在此山中",就是人也很难跳出置身其中的繁华世界去发现它的局促和狭小。这正是庄子所说的"小知不及大知,小年不及大年"。

一个人一旦参悟了庄子的"小大之辩",明白了再辉煌的成就都不过是海市蜃楼,他就不会再汲汲于名利了。可人还有一个本能,就是为一切既存事实辩护,没人愿意主动戳破华丽的伪装,哪怕明知道它是虚假的。人们宁愿自欺欺人地随波逐流,也不会选择直面白森森的真相,除非受到某种刺激。

苏轼受到的刺激来自"乌台诗案"和其后的黄州之行,死里逃生之后,他开始深思人生的意义。以前只是当作哲学反思和诗词素材的老庄学说,此时成了剖破幻象、直抵生命核心的利刃。

苏轼在《答李端叔书》中说:"轼少年时,读书作文,专为应举而已。既及进士第,贪得不已,又举制策,其实何所有?"对他来说,读书、作文、应举、做官、进谏都是再自然不过的人生必修课。他人如此,苏轼亦如此。苏轼做得还比他人要好,他从不会反思做这些事情有什么不对头。直到以言获罪之后,他才第一次认真地重新考量以往的人生历程。

自觉不自觉地,苏轼产生了"改过自新"的想法。皇帝在把他贬到黄州的圣旨中本有要求:"黜置方州,以励风俗,往服宽典,勿忘自新。"是让他体会皇恩的宽大,自新以报。但苏轼的自新与其说是为报皇恩,不如说是命运无常给他上了刻骨铭心的一课。在狱中,苏轼的魂魄都被吓得离窍而去,为了得到心灵的真正安宁,他转向了佛教。他在《安国寺记》中写道:

余二月至黄舍。馆粗定，衣食稍给，闭门却扫，收召魂魄。退伏思念，求所以自新之方。反观从来举意动作，皆不中道，非独今之所以得罪也。

他反省过去一切的"举意动作"皆不中道，未知今是已悟昨非。

于是喟然叹曰："道不足以御气，性不足以胜习，不锄其本而耘其末，今虽改之，后必复作。盍归诚佛僧，求一洗之。"

为了从气到习、由本至末彻底改过自新，苏轼决心皈依佛家，一洗前尘。他的修行是诚心的：

得城南精舍，曰安国寺，有茂林修竹、陂池亭榭。间一二日辄往焚香默坐，深自省察，则物我两忘，身心皆空，求罪始所生而不可得。一念清净，染污自落；表里翛然，无所附丽。私窃乐之。

看样子，他真的在佛法中寻觅到了清静。物我两忘，身心皆空，高僧证道也不过如此吧。

苏轼接受了命定论，所以说"事皆前定"，今生的挣扎幻想、营营役役全是徒劳。"死生有命，富贵在天"是一种朴素的达观精神，不一定会导向犬儒般的消极待命。孔子就说过"富而可求也，虽执鞭之士，吾亦为之。如不可求，从吾所好。"孔子知富贵不可求，故终生从其所好，传道授业、周游列国。苏轼知"事皆前定"，故决心趁闲身未老，放自己一些疏狂。诗酒趁年华，百年醉过，不过三万六千场。

细心读这首词，会发现其实苏轼并未"物我两忘，身心皆空"。在貌似达观知命的述怀中，始终潜流着一股抑郁不平之气。填词本身就落了窠臼，禅宗讲"不立文字""以心传心"就是怕文字限制了佛性。苏轼诉诸文字难道不是因为"不平则鸣"吗？

若已看破红尘，又何必埋怨"忧愁风雨"的相妨？"幸对清风皓月，茵苔展、云幕高张"，一个"幸"字露了底。清风皓月、云幕高张是幸，那必然还有苏轼尽力逃避的"不幸"。天工造化的美景只是被他当作避难所，在这里，他可以不理会世间俗务。但带着逃避的心来，就意味着他只是做短暂借居的打算，而没有做好安家的准备。

一直没有离开纷纷扰扰的尘世，即使在黄州，他也曾上书太守，力废本地的杀婴陋俗。眼睛不离闲山逸水，心中惦记的总是人间冷暖。

求解脱，难解脱。黄州鲜有亲朋，文酒之欢难得，幸有江南好风、美酒千钟，一曲《满庭芳》助兴，自吟、自斟、自乐。

临江仙

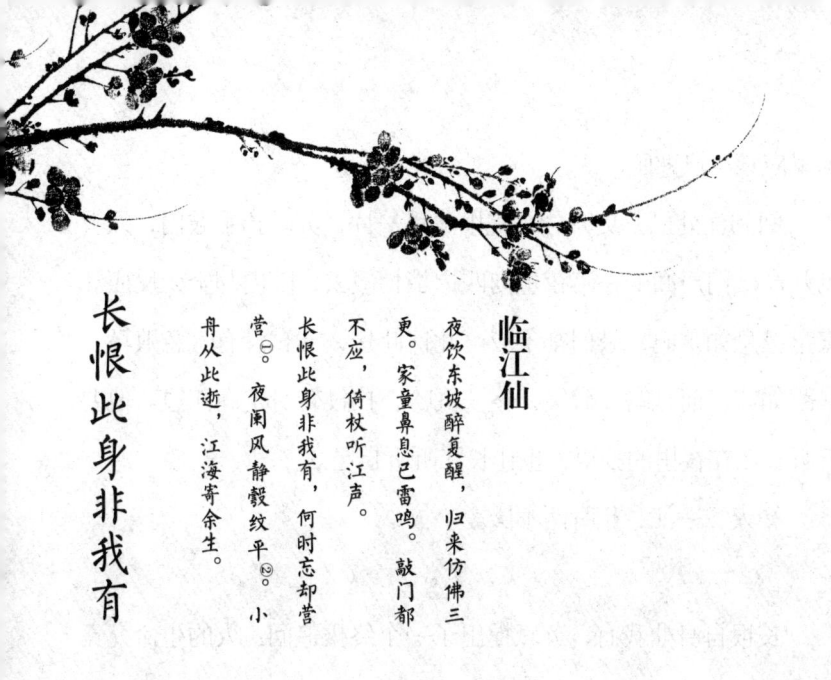

夜饮东坡醉复醒,归来仿佛三更。家童鼻息已雷鸣。敲门都不应,倚杖听江声。

长恨此身非我有,何时忘却营营。夜阑风静縠纹平。小舟从此逝,江海寄余生。

长恨此身非我有

苏轼在黄州有两个住处,一是城中的临皋亭,一是城东的东坡雪堂。临皋亭本是驿亭,官员经过时可以小住,由于太守的礼遇,苏轼才得以安家在此。东坡辟出、雪堂竣工之后,苏轼每天在临皋亭和雪堂之间往返。

林语堂说,这段一里多的脏泥路,大概是文学史上最出名的一条路。

在这条小路上,那凌乱的脚印,一脚深一脚浅,踩出了一个放浪形骸的达者。

深秋之夜,苏轼一个人在雪堂饮酒。他也许原打算一醉方休,但可惜疲软的酒精盖不住清醒的内心,一时醉意蒙眬,最终却还是醒着。夜渐渐沉寂下来,苏轼于是蹒跚地走回临皋亭,妻儿在那里应该早已熟睡。

回到住处已三更时分,院里漆黑一片,苏轼抬手敲门,只听见几声敲门声回响在暗夜里向四周悄悄散去,院内却全无反应。家童鼻息如雷鸣,敲门都不应。此情此景,苏轼没有气急败坏、暴跳如雷,而是略一微笑、略一沉吟,拄杖转身走向江边。他要听听长江在夜里的独语,也让长江听听自己。

一人,一江,相听两不厌。

长恨自身非我有,苏轼提出了一个终极追问:人的生命究竟属于谁?明明是自己的身体,为什么却觉得"非我有"?若非我有,那是谁有?

苏轼此问,源出《庄子》。在庄子虚构的一段对话中,舜帝问丞说:"道可以获得而保有吗?"丞反问道:"你的身体都不是你自己所保有的,你怎么能保有道呢?"舜说:"我的身体不是我所保有,是谁所保有呢?"丞说:"这是天地所委付的形体。生命不是你所保有的,乃是天地所委付的和气;性命不是你所保有,乃是天地所委付的自然;子孙不是你所保有的,乃是天地所委付的蜕变。你的行动、居留、饮食,都不是自己控制的,乃是天地间气的运动,又怎能够获得而保有呢!"

庄子意识到人不能如想象的那样保有自身,但并不以此为悲事,"至人无己"是他心中最高的境界。在《庄子·齐物论》中有注脚:"至人神矣,大泽焚而不能热,河汉冱而不能寒,疾雷破山,风振海,而不能惊……乘云气,骑日月,而游乎四海之外,死生无变于己,而况利害之端乎?"

可是苏轼的"此身非我有"与至人的"此身非我有"不同。至人的"己"与大道合一,苏轼的"己"却被俗务牵扯;至人的"己"与天地同游,苏轼的"己"却被命运安排。所以至人无己而无所不能,苏轼无己而颓然若丧。

苏轼恨自己不能忘却营营役役,他渴望自由。什么是自由?也是在同样的夜晚,朱自清在荷塘漫步时说:"一个人在这苍茫的月下,什么都可以想,什么都可以不想,便觉得是个自由的人。"

歌德说:一个人只要宣称自己是自由的,就会同时感到他是受限制的。如果你敢于宣称自己是受限制的,你就会感到自己是自由的。苏轼敢于宣称此身非己有,忘不掉营营役役,那么在说出这两句话的时候,他应该感到了江面上吹来了自由的空气。

一个人如果拥有太多,就会丧失自己。失去自己的人,其实一无所有。拥有并不足恃,就像跛足道人的那首《好了歌》唱的:

世人都晓神仙好,唯有功名忘不了;古今将相在何方?荒冢一堆草没了。

世人都晓神仙好,只有金银忘不了;终朝只恨聚无多,及到多时眼闭了。

　　世人都晓神仙好，唯有姣妻忘不了；君生日日说恩情，君死又随人去了。

　　世人都晓神仙好，只有儿孙忘不了；痴心父母古来多，孝顺儿孙谁见了！

　　人人都想升仙，仙界是什么样，却没人知道。在欲壑难填的世人眼中，仙界大概是锦衣玉食、宝马雕车、歌儿舞女。可若只是这样，有志者且去造反当皇帝，何以神仙为？穷，并不仅仅指物质匮乏，梦想贫瘠是一种更无可救药的穷。

　　苏轼曾在诗中为谪仙李白辩护称"谪仙非谪乃其游"，这何尝不是他自身的写照？来到黄州之后，仕途黯淡、生活交困，但物质的贫瘠赠予了他一种更高贵的富有，那就是江上之清风与山间之明月。天地之间，物各有主，惟江山风月无常主，闲者便是主人。为功利而奔竞的忙人，其实是功利的奴仆。侣鱼虾而友麋鹿的闲人，却是江山的主人。

　　孔子说过："道不行，乘桴浮于海。"大概是记起了夫子的遗志，再加上一时酒兴涌起，又被夜阑风静时的江上縠纹打动，苏轼兴冲冲地写道："小舟从此逝，江海寄余生。"

　　第二天，众人喧传苏轼夜作此词，然后挂冠服江边，驾舟长啸而去。谣言传到太守耳朵里，太守十分惊惧，因为他有职责监视苏轼不得越出他的辖区。太守马上赶去临皋亭，却见苏轼安然睡在家中，鼻息雷鸣。最后这个谣言还是传到了京师，甚至传到宋神宗的耳朵里。

这些传谣之人肯定不懂苏轼，因为他说过，他逃的不是"世之事"，而是"世之机"。若无机心，世事有何可畏？若有机心，纵逃到天涯海角，也逃不脱俗务缠累。苏轼不需要"小舟从此逝"，自可以"江海寄余生"。

梭罗在宁静的瓦尔登湖畔告诫世人："你们要尽可能长久地生活得自由，生活得并不执着才好。"庄子认为，只有放下自我，才能获取自由。其实放下自我才能安顿自我。在吐露出"长恨此身非我有"的那一刻，苏轼就已顿悟，立地成我。从此不虚空，不寂寞。

注释

①营营：追求奔逐。语出《庄子·庚桑楚》：全汝形，抱汝生，勿使汝思虑营营。
②阑：残，尽。縠纹：比喻水波细纹。縠，绉纱。

又得浮生一日凉

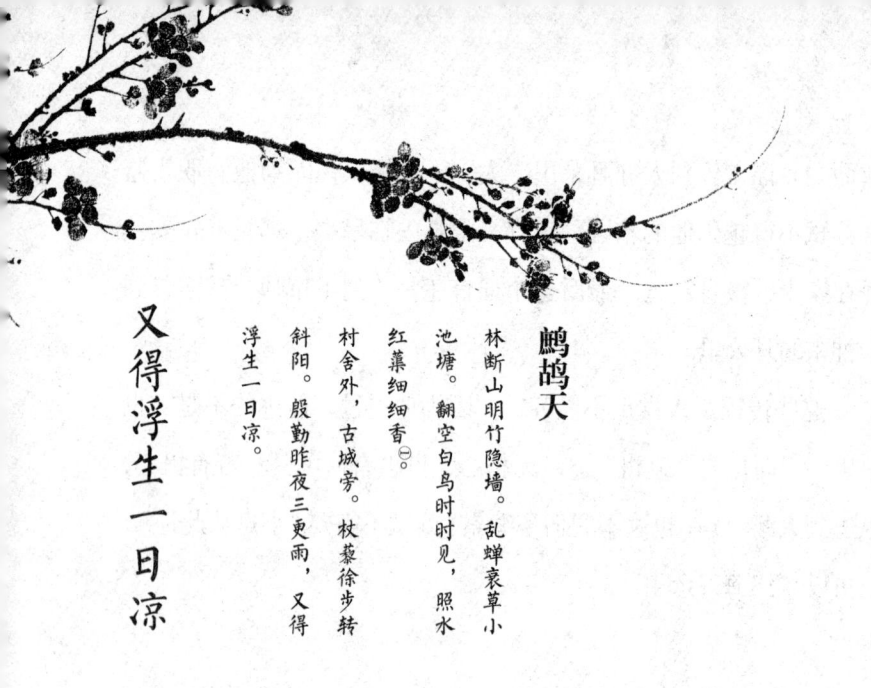

鹧鸪天

林断山明竹隐墙。乱蝉衰草小池塘。翻空白鸟时时见,照水红蕖细细香[一]。

村舍外,古城旁。杖藜徐步转斜阳。殷勤昨夜三更雨,又得浮生一日凉。

    这是一幅夏末秋初的风景画。

    远处,郁郁葱葱的树林尽头,被夕阳照亮的山头耸入云端。近处,翠绿的丛竹,像一道绿色屏障,围护在院墙周围。院内并无着墨,但想来应是苏轼的居所。院墙附近,有一个小小的池塘。乱蝉衰草透露出,池塘是荒芜的,无人料管。

    气氛是幽狭的,但荒芜中仍有生机。白鸟不嫌禅燥,不时地飞上飞下,将跳动的音符装饰在空寂的天上。荷花不嫌池塘小,映照绿水,兀自喷吐着柔和的芳香。

    在荒寂与生机并存的风景里,一个半老之人拄着藜杖,迈着缓慢的脚步。这个身影是老态龙钟,还是自得其乐,抑或百无聊赖?看到最后两句之前,是找不到答案的,之前的景物白描中没有明显的感情倾向。

"浮生一日凉"又是怎样的答案呢？由于昨夜的雨，溽暑初褪，风气微凉，词人应该是舒适的。可在舒适中，还挂着几丝不甘、几丝惆怅。

"浮生"是一个带有佛教色彩的比喻。人生在世，就像在漫漫苦海中作短暂的浮游，不知何时命数一尽，便会径直沉下去，一沉到底，再无声息。李白说："天地者，万物之逆旅也；光阴者，百代之过客也。而浮生若梦，为欢几何。"纵是诗仙，也逃不过这宿命。

大家都是过客。生死面前，众生实现了真正的平等。正如红楼梦里邢岫烟回答宝玉：纵有千年铁门槛，终是一个土馒头。

人生如寄的思想在诗人中代代传递。"人生天地间，忽如远行客"；"人生寄一世，奄忽若飚尘"；"人生非金石，岂能长寿考"……如一个难解的谜题，摆在每个珍惜生命的心灵面前，越珍视便越痛惜。既然是寄居，那么结局便只有一个——归去。生人是行人，死人为归人。

同一个谜题，不同的答案。有人提出的解脱办法是及时行乐。他们嘲笑那些"生年不满百，常怀千岁忧"的多情种子，人生有限愁无限，为乐当及时。唐朝诗人罗隐仕途坎坷，十举进士而不第，愤而作《自遣》诗：

得即高歌失即休，多愁多恨亦悠悠。

今朝有酒今朝醉，明日愁来明日愁。

苏轼则说："人生不过百年，索性笑他三万六千场，一日一笑，此生快哉！"如果生命的意义可以用快乐的次数或时长来衡量，那么及时行乐、秉烛夜游是最成功的生活方式。

快乐是与痛苦相对而言的，不知痛者不知乐，正如不知饥者不知饱。问出"何不食肉糜"的荒唐皇帝，纵有酒池肉林，又焉知酒之甘美、肉之怡人？永远快乐，像四方的圆形、静止的动作一样自相矛盾。

所以在人生如寄的既定事实面前，有人没有及时行乐，而是选择了及时努力。早在汉代的"古诗十九首"里，就有诗人在意识到人生"奄忽若飙尘"之后，立志"何不策高足，先据要路津"。还有人说"盛衰各有时，立身苦不早……奄忽随物化，荣名以为宝"。后世的奇女子张爱玲更是大声喊出了"出名要趁早"的人生格言。

在伪谦虚盛行的文化土壤里，赤裸裸的"出名要趁早"势必要遭到嘲笑和鄙薄的。但迫不及待要骂人的"道德君子"们，竟没时间看到"出名要趁早"那段话后面还有一段：

个人即使等得及，时代是仓促的，已经在破坏中，还有更大的破坏要来。有一天我们的文明，不论是升华还是浮华，都要成为过去。如果我最常用的字是"荒凉"，那是因为思想背景里有这惘惘的威胁。

其实，无论及时行乐还是及时努力、及时成名，后面那个词的分量永远抵不过"及时"二字所透出的荒凉。及时，是因为时不我待，若不及时就永远没有机会了。无论哪种选择，都只是人们为摆脱这种荒凉而生出的本能挣扎而已。

明乎此，还有必要知道那个"杖藜徐步"的身影，究竟是老态龙钟、自得其乐，或百无聊赖吗？还有必要追究"浮生一日凉"究竟是哪种凉吗？

注释

① 蕖：荷花。

浣溪沙 自适

倾盖相逢胜白头[一]。故山空复梦松楸[二]。此心安处是菰蒌[三]。

卖剑买牛吾欲老,乞浆得酒更何求。愿为同社宴春秋[四]。

此心安处是菰蒌

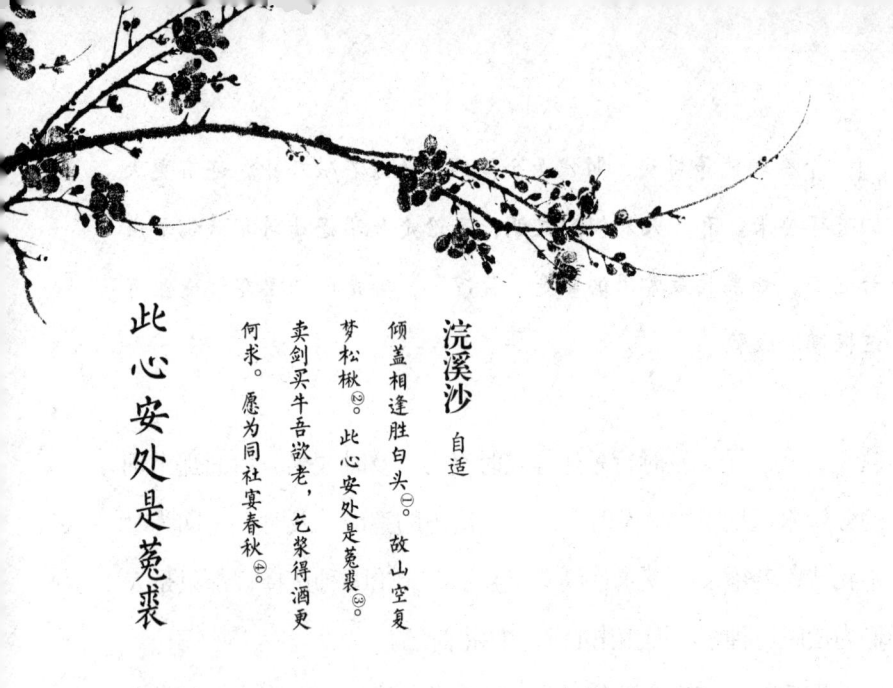

富兰克林说:"哪里有自由,哪里便是我的祖国。"这是一种令人羡慕的政治和人生态度,但只有拥有"用脚投票"权利的人,才有资格说出这样的话。"自由"在中国古代并不是众人捍卫的底线和原则,而是一种稀缺的奢侈品,其中一个原因就在于人们没有选择权。

春秋时期,列国并立,孔子还可以"危邦不入,乱邦不居",保全自己的操守。秦汉大一统之后,普天之下莫非王土,每个人出生后都自动成为一家一朝的臣子,士人甚至连"天下有道则见,无道则隐"的消极自由都被剥夺了。明太祖朱元璋就曾发布过一道充满杀气的谕旨:"率土之滨,莫非王臣。寰中士大夫不为君用,是自外其教者,诛其身而没其家,不为之过。"不与官家合作,就是滔天大罪。

赵宋王朝对待知识分子是比较宽容的，"与士大夫共治天下"是立国纲领，"不得杀士大夫"是祖宗家训。但与朱元璋的残酷寡恩相比，这不过是"五十步"与"一百步"的区别而已。苏轼的遭遇就验证了这一点。名重一世的士林领袖，不过说了几句风凉话，就被治罪、下狱。生死悬于一线，而这根线捏在高高在上的皇帝手中。名望再高，诗词再富丽，又能怎样？

自由就像天上的星星，可望而不可即。一只"发了慈悲"的大手，把苏轼这只原本就被无形的线拴着的鸟，投入黄州这个小小的笼子。而苏轼却只有听天由命的份儿。

但有一种鸟是关不住的，因为它每根羽毛都闪着自由的光辉。苏轼没有能力违抗圣旨，没有胆量逃脱监视，他更不可能"小舟从此逝"，真的去国远游。但黄州并未成为他的就缚之地。他在黑暗中挣扎，在局促里伸展，在贫瘠的土地上倔强地生长。

外部世界没有自由的踪影，苏轼只好在小世界中寻觅。

"此心安处是吾乡。"谁也不能否认，这句话多少带有一些自欺欺人的意味。此心安处，另一层的含义是，此身并不安。谁不想身心俱安？心安又没有客观衡量的标准，心的主人说什么便是什么。可是，除了调试内心以适应环境之外，苏轼还有什么选择？

黄州本是收押他的牢笼，苏轼却把禁锢变成自由，把牢笼变成家乡。

他在这里结识了一干"倾盖相逢胜白头"的朋友。徐君猷、孟震、继连、朱寿昌、张怀民、庞安常……这一连串的名字，每一个都是苏轼在缧绁中向外探出的触角。朋友最重要的作用不是排遣寂寞，也不是有难同当，而是通过他们，你可以与他们的世界联通。有了他们，你会拥有更广阔的自己。

苏轼又一次在梦中回到故乡，见到祖先的坟茔。他却没有眷恋，没有遗憾，因为经过几年的打磨，他与黄州已经彼此适应，相看两不厌。此心安处是吾乡，何必非得回故丘呢？

什么是最好的日子？梁山好汉会说："大碗喝酒，大块吃肉，论秤分金银，异样穿稠锦。"本分老实的农人则会说："风调雨顺，五谷丰登。"苏轼在黄州吃了几年苦，反而"失去"了追求。"卖剑买牛"归老田园，是他最大的心愿。苦日子已经成了最好的日子。

苏轼善于"处穷"，不仅是生性恬淡之故，与他的聪慧也密不可分。在黄州，有人向他请求长寿的秘方，他写了下面四句话：

一曰无事以当贵。

二曰早寝以当富。

三曰安步以当车。

四曰晚食以当肉。

看到这个妙方,人们不会嘲笑苏轼不富不贵、无车无肉的可怜境地,只会敬佩他的聪明与豁达。

宋神宗元丰七年(1084年),皇帝下诏把苏轼从黄州调往汝州,算是结束了这段被监管的流放生活。汝州离京师较近,生活亦较为舒适,但苏轼却不舍得离开黄州。被迫分离时,他恋恋不舍地写道:

归去来兮,吾归何处,万里家在岷峨。百年强半,来日苦无多。坐见黄州再闰,儿童尽、楚语吴歌。山中友,鸡豚社酒,相劝老东坡。
云何。当此去,人生底事,来往如梭。待闲看,秋风洛水清波。好在堂前细柳,应念我、莫剪柔柯。仍传语,江南父老,时与晒渔蓑。

楚语吴歌,铿然在耳;鸡豚社酒,宛然在目。苏轼在黄州种下的,不仅有堂前细柳,还有一整段的人生。他被风卷来,不得不在这里扎根、抽芽。几年后,绰约的丰姿证明了这粒种子的顽强和饱满。

后人有公论:被贬黄州是苏轼政治生涯的低谷,却也是他精神历程的一次升华。我们要知道,苦难不一定是财富,打击不一定是锻炼。它们就像太上老君的八卦炉,进去的若不是孙悟空,结果就不是火眼金睛而只能是灰飞烟灭。

我们不赞美流放、禁锢、折磨,但是赞美流放中的潇洒、禁锢中的自由、折磨下的坚强。因为在这背后,有一颗闪光的心。

注释

①"倾盖"句:初次相逢的朋友情谊,胜过从少年到白头交游人的情谊。
倾盖:车上的伞盖靠在一起,引申为初次相逢或订交。
②松楸:墓地上的松树和楸树,代指坟墓,此处特指家乡的祖坟。
③莵裘:《左传·隐公十一年》:鲁隐公说"使营莵裘,吾将老焉"。后世即以莵裘喻晚年休居之地。
④"愿为"句:愿与你同住一个村社,宴饮度过年岁。

问书生何辱何荣

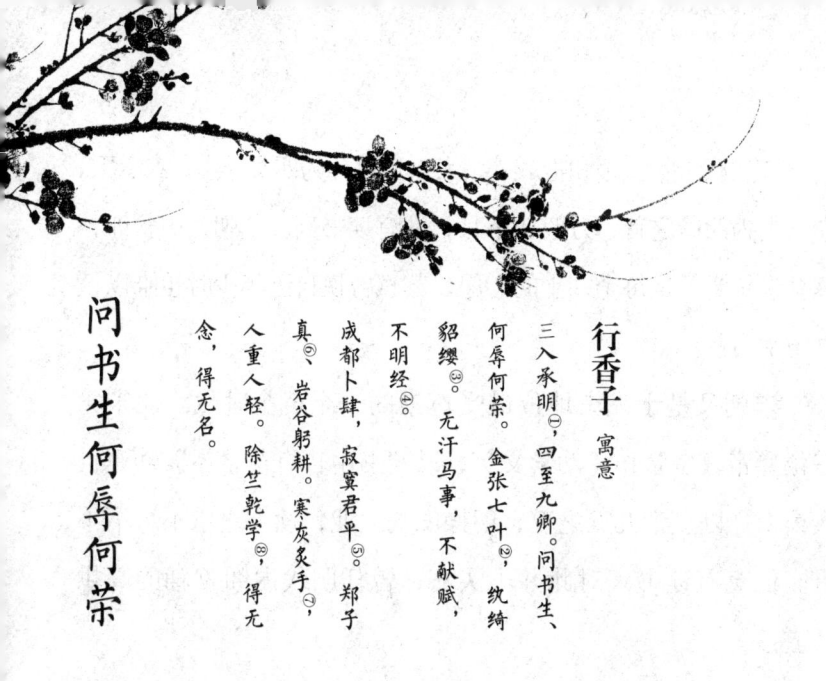

行香子 寓意

三入承明[一]，四至九卿。问书生、何辱何荣。金张七叶[二]，纨绮貂缨[三]。无汗马事，不献赋，不明经[四]。

成都卜肆，寂寞君平[五]。郑子真[六]、岩谷躬耕。寒灰炙手[七]，人重人轻。除竺乾学[八]，得无念，得无名。

　　宋哲宗绍圣元年（1094年），太皇太后高氏已经去世，宋哲宗行"绍述"之政，恢复神宗新法。"三入承明。四至九卿。"至此，苏轼已三次进入朝廷做皇帝的近侍之官。但这一年，苏轼失去端明殿学士、翰林侍读学士两个官职。已经过了八年太平日子的苏轼嗅到一丝不安的气息，于是写下这首《行香子》，自问："书生何辱何荣？"

　　苏轼在仕途上的遭遇与中国古代其他士人别无二致，荣辱不定，充满各种不可测，且与皇帝的喜怒紧密相连。面对荣辱沉浮，苏轼早就不是"乌台诗案"发生时被吓得魂飞魄散的那个太守，他已学会了如何与命运相处。

在古代，除皇帝和贵戚外，人大体可分为四类：士、农、工、商。士为四民之首，万般皆下品，惟有读书高。"朝为田舍郎，暮登天子堂"是每个寒士的心愿，苏轼曾说自己年少时也唯以读书中举为业。

宋朝又是士大夫地位最受尊崇的一个黄金时代。北宋第三位皇帝真宗亲作《劝学文》，以"书中自有黄金屋"劝诱世人读书。以皇帝九五之尊，躬操吆喝之业，读书之事不可谓不贵。但竟有读书人对此并不买账，曾任明代内阁首辅的高拱写道：

偶遇一学究，其壁上有宋真宗《劝学文》云："书中自有黄金屋，书中自有千钟粟，书中自有颜如玉。"予取笔书其后云："诚如此训，则其所养成者，固皆淫逸骄奢、残国蠹民之人。使在位皆若人，丧无日矣。而乃以为帝王之劝学，悲夫！"

士人"富贵不能淫"的气节于此清晰可见。比宋真宗更高尚的是北宋大儒张横渠，他说读书人的使命是："为天地立心，为生民立命，为往圣继绝学，为万世开太平。"煌煌斯言，声震古今！明代东林党领袖顾宪成有一副对联："风声雨声读书声声声入耳；家事国事天下事事事关心。"则是在一片诗意中道出万千士人的家国情怀。

可读书人的命运,果真如孔庙中的青烟一样肃穆而典雅?如孔府中的青松一样劲直而骄傲?

"天下可忧非一事,书生无地效孤忠。"陆游这句诗,道尽书生参政的渴望和悲愤。"学而优则仕",朝廷以此为标榜,学子以此期望,但何者为"优"却无固定标准。"屡试不第"一词在历朝史书中高频率地出现,已经可以说明一切问题。

"十年寒窗无人问,一朝成名天下知。"天下传诵的只是少数幸运儿的一朝成名,无数寒窗下默默苦读的身影则湮没无闻。后人考证出,"寒窗苦读致疾"并非夸张的形容,风寒外感、中气下陷、心肾不交都是常发的"苦读病"。

明清才子佳人的小说中,动辄安排主人公高中状元,不是因为中状元易如反掌,而是由于及第艰难导致写小说的穷酸书生对"状元"格外热衷与渴望。

虚构的人物有中举后疯癫的范进,现实的人物则有十试不第、终生潦倒的蒲松龄。四十八岁那年,蒲松龄第六次参加乡试。文思如注、运笔如风的他,在誊写试卷时一时大意,竟然"越幅"(误隔一幅,不相接连)。蒲松龄在词《大圣乐·闱中越幅被黜,蒙毕八兄关情慰藉,感而有作》中,将考场里发现自己"越幅"后的震惊和颓丧表露无遗:

得意疾书，回头大错，此况何如！觉千瓢、冷汗沾衣，一缕魂飞出舍，痛痒全无。痴坐经时总是梦，念当局、从来不讳输。所堪恨者，莺花渐去，灯火仍辜。

嗒然垂首归去，何以见、江东父老乎？问前身何孽，人已彻骨，天尚含糊。闷里倾樽，愁中对月，欲击碎王家玉唾壶。无聊处，感关情良友，为我歔欷。

一个偶然的差池，就惊得人魂飞魄散、如丧考妣。此时的书生，安敢以"为天地立心""治国平天下"自命？科举是君王收缚天下英雄的罗网，而多少寒门子弟自缚而进却被逐出门外，就像待价而沽却无人问津的家禽。

即使在偶然中遇偶然，幸运后又幸运，过关斩将，顺利地将学成的诗书礼仪"贩与帝王家"，换来一官半职，前途就注定一帆风顺吗？

杜甫用"炙手可热势绝伦"讥讽兄以妹贵的杨国忠，但功名利禄只流向莺歌燕舞的杨家，而对书香门第的杜家不感兴趣。富贵的逻辑，不同于文章的道理。这是再入木三分的诗句也改变不了的事情。

何况，君恩难测，伴君如伴虎。"一封朝奏九重天，夕贬潮州路八千"是韩愈的命运，他纵然"文起八代之衰"，"九重天"

上的主儿又怎会在乎？

而遭贬谪的厄运若与焚书坑儒、党锢之争、文字狱等不时出现的浩劫相比，又是小巫见大巫了。李国文说过："文人越位的结果，无非两道，一是春秋战国屈原跳进汨罗江的自杀，一是秦始皇'焚书坑儒'式的坑杀。"

"百无一用是书生"可不是挖苦，而是前人的教训，后人的警示。

问书生，何辱何惊？看透尘世游戏规则的苏轼，最后停眼在佛学上："除竺乾学，得无念，得无名。"可怎么样算"无念""无名"呢？他在接下来的另一首《行香子》中说得很透彻：

清夜无尘。月色如银。酒斟时、须满十分。浮名浮利，虚苦劳神。叹隙中驹，石中火，梦中身。

虽抱文章，开口谁亲。且陶陶、乐尽天真。几时归去，作个闲人。对一张琴，一壶酒，一溪云。

有人说：读书人的命运在外人看来是崇高的，在自己看来则是凄凉的。其实许多读书人把生命过得太过凄凉，是因为之前没有看透，所以太执迷。佛家讲，我执是痛苦的根源，"烦恼障品类众多，我执为根"。

苏轼懂得，只有放下浮名浮利，那一张琴、一壶酒、一溪云才属于你。

注释

① 三入承明：汉代有承明殿，旁建室以供值宿侍臣居之，曰承明庐。"三入承明"谓三次入朝为官。

② 金张七叶：金，指汉武帝的亲信贵臣金日磾。张，指汉代张安世。七叶：七代。金日磾和张安世七代为侍中常侍。

③ 纨绮：纨，白色细绢；绮，细绫。纨绮谓贵者之服。

④ 明经：原意是明晓儒家的经书，"明经"是古代选官考试的一种科目。

⑤ 君平：指西汉末年蜀人严君平，他自甘寂寞，以贫贱清静守，卜筮于成都街市。

⑥ 郑子真：即郑朴，字子真，西汉末年隐士，躬耕于岩谷之下。

⑦ 寒灰炙手：寒灰，指无法富贵的人。炙手，指权势高贵的人。

⑧ 竺乾学：指佛学，佛学本自西竺乾天。

任我江海寄余生

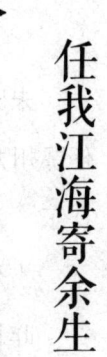

苏子的才华，横竖都溢，逞才斗巧是他的特长也是爱好。他写雪、柳絮、石榴花、橘树、大雁、雨，无不惟妙惟肖，情、理、趣兼备。托物言志固然是咏物作品的传统，但"纯用赋体，描写确肖"也能做出好活计。好的咏物词，需要一支妙笔，更需要一颗诗心。

江神子

大雪有怀朱康叔使君，亦知使君之念我也。作《江神子》以寄之。

黄昏犹是雨纤纤。晓开帘，欲平檐。江阔天低，无处认青帘①。孤坐冻吟谁伴我，揩病目，捻衰髯。

使君留客醉厌厌②。水晶盐，为谁甜？手把梅花，东望忆陶潜。雪似故人人似雪，虽可爱，有人嫌。

雪似故人人似雪

朱康叔名寿昌，康叔是他的字。苏轼在黄州躬耕时，朱康叔任鄂州太守，两人书信往还甚密，渐成至交。朱康叔在西，苏轼在东。

雪是思念的引子，也是怀友的信物。

昨日黄昏时，天上飘洒的还是纤纤细雨，次日清晨醒来打开窗帘，却发现大雪差不多快要和屋檐齐平了。江阔天低，漫漫白雪把江边酒馆的酒旗都盖住了。天公是神奇的魔术师。

苏轼看到大雪，肯定是兴奋的，说不定还出门饱看了一圈。但这首词想传达给朱康叔的既非雪景的壮观，也非苏轼看到雪景的兴奋，而是潜藏的幽怨和责备。

孤坐，已露可怜之意。还冻吟，既然天寒地冻，吟诗写字岂不是更冷？可是苏轼就是要朱康叔知道自己的苦寒，甚至"揩病目，捻衰髯"的细节也要一丝不落地说给朱康叔听。苏轼说知道自己怀念使君的时候使君也会怀念自己，可他写"使君留客醉厌厌"是什么意思呢？朱使君你宴请宾客之时，难道没有觉得座上少了一个应该出现的人吗？而这个人此刻正捧着水晶盐般的新雪，想要与你共品甘甜。看到梅花，朱使君大概会想到苏轼那位像陶渊明一样的朋友吧。自己像雪花一样晶莹可爱，可故人为何嫌弃，不招去把酒言欢？

　　苏轼的心思用白话转述出来，处处散发着浓浓的闺怨气息。在古代，友人间的诗词酬唱中出现这样的思念甚至怨念，是再平常不过的事。李白和杜甫"醉眠秋共被，携手日同行"不也没引起过妄议吗？苏轼当然不是真的怪罪朱康叔，怨是假，念是真。苏轼和朱康叔都懂的。

　　用何物比拟雪花最贴切是古人争论不休的话题。争论的源头是《世说新语》中的一个典故：东晋太傅谢安在下雪天召集家族内的年轻人，讨论文章的用字遣词之法。不久，谢安见雪突然大了起来，便微笑着向晚辈们考问："白雪纷纷何所似？"侄儿谢朗答道："撒盐空中差可拟。"侄女谢道韫接了一句："未若柳絮因风起。"谢安高兴得大笑。

　　谢安的大笑表明他更欣赏谢道韫的"柳絮因风"，而觉得谢朗的"撒盐空中"欠佳。后人也通常认为在这场"一句诗比赛"中谢道韫占了上风,其"咏絮之才"便享誉千载,以至今日。可是"柳絮因风"真的是对雪花唯一恰当的比喻吗?

　　苏轼也无意中卷入了这场旷古的"盐絮之争"。他在《谢人见和雪后书台壁二首》之一中有句:"渔蓑句好应须画,柳絮才高不道盐。"这是继承了谢安贬盐扬絮的传统观点。可是在这首《江神子(黄昏犹是雨纤纤)》中,他却自己也用盐来比雪。在另一首《次韵仲殊雪中游西湖》中他又说:"乞得汤休奇绝句,始知盐絮是陈言。"这分明是把盐絮都等而下之了。研究者不禁迷惑了,苏轼的立场究竟在哪里?

　　南宋诗人陈善对此给出了较为合理的解释,他说"柳絮才高不道盐"只是苏轼为了与上一句"渔蓑句好应须画"对仗顺手而造的句子,不代表他对"盐絮之争"的真实看法。陈善对"撒盐"与"柳絮"孰高孰低有独特的观点,他说:

　　"撒盐空中",此米雪也,"柳絮因风",此鹅毛雪也,然当时但以道韫之语为工。予谓《诗》云:"如彼雨雪,先集维霰。""霰"即今所谓米雪耳。乃知谢氏二句,当各有所谓,固未可优劣论也。(陈善《扪虱新话》)

　　其实有经验的人都会注意到,雪分两种,一种是鹅毛雪,雪成片状，大而薄，下落时摇摇晃晃，落地无声；一种是米雪，雪如米粒，打在脸上会疼，落在地上窸窣作响。《诗经》中就描写过，下雪之前，先下霰，霰就是米雪。米雪和鹅毛雪是雪的两种常见类型，下米雪往往是下鹅毛雪的前奏。

"撒盐空中"比喻的是米雪，"柳絮因风"形容的是鹅毛雪。两个比喻本无高下之分，但有情景之别。若谢氏子弟对雪论文时下的是鹅毛雪，则谢道韫的"柳絮因风"更佳，若下的是米雪，则谢朗的"撒盐空中"更确。

有了把雪看成"水晶盐"的眼睛，那飘落无声的雪才不寂寞。水晶盐，为谁甜？当然是书信另一端的友人。但同时，水晶盐为每一个尝雪的"孩子"而甜。

注释

①青帘：青布做的招子，指酒旗。
②厌厌：指饮酒欢乐、沉醉的样子。

贺新郎 夏景

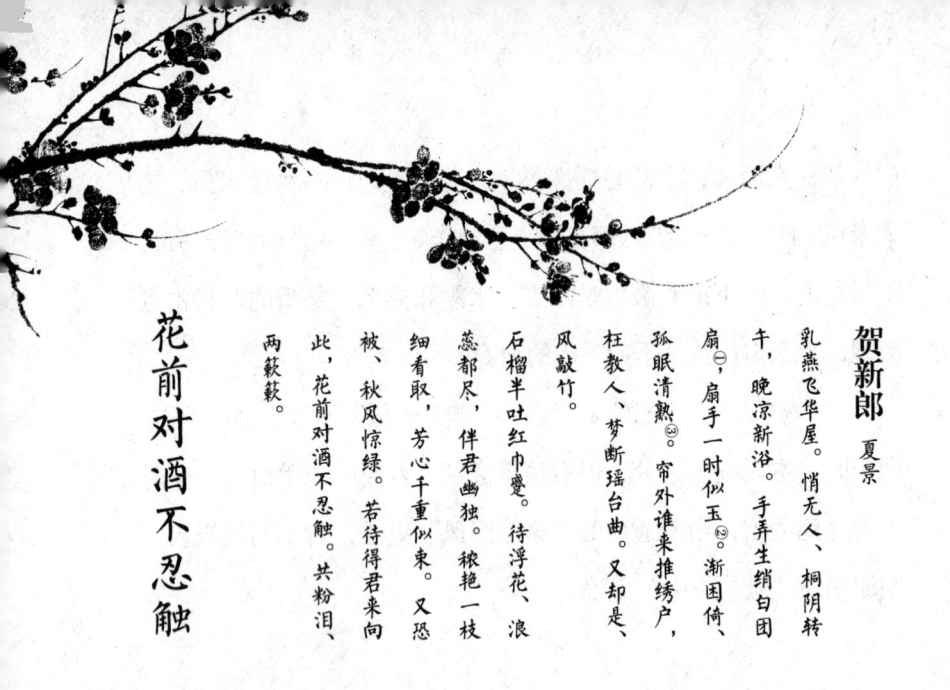

乳燕飞华屋。悄无人、桐阴转午，晚凉新浴。手弄生绡白团扇①，扇手一时似玉②。渐困倚、孤眠清熟。帘外谁来推绣户，枉教人、梦断瑶台曲。又却是、风敲竹。

石榴半吐红巾蹙。待浮花、浪蕊都尽，伴君幽独。秾艳一枝细看取，芳心千重似束。又恐被、秋风惊绿。若待得君来向此，花前对酒不忍触。共粉泪、两簌簌。

花前对酒不忍触

这首词的主角又是美人，夏日午后一位与榴花相映成景的美人。作者没有交代美人的姓名，甚至连象征身份的特征都未提及，所以引来众说纷纭。有人说，苏轼知杭州时，一次在西湖宴集，官妓秀兰浴后倦卧，姗姗来迟，折一枝榴花请罪，苏轼乃作此词。又有人说，这首词是苏轼在杭州万顷寺所作，当时寺内有榴花树，那天正有歌者昼寝。还有人说，是苏轼为侍妾榴花作的。

所有这些猜测都有鼻子有眼，却都建立在一个未必正确的前提下：写美人的诗词一定要因美人而起。若相信这个前提，"制芰荷以为衣兮，集芙蓉以为裳"的屈原只能被当作一位异装癖患者了。他们忘记了，自屈原将香草美人与君国之思连接起来，美人和君子就不再有明显的性别之隔。

屈原遭谗被放逐之后,"睠顾楚国,心系怀王……一篇之中,三致志焉。"但他没有直言君臣之义,遣怀寄意都借香草美人来表达。"善鸟香草,以配忠贞;恶禽臭物,以比谗佞;灵脩美人,以媲於君。"从此,每一种花木鸟虫被中国文化认养,开始有了自己的品格。而美人也有了良臣、明主的喻义。

"日月忽其不淹兮,春与秋其代序。惟草木之零落兮,恐美人之迟暮",屈原的歌辞在后代不断响起,为多少诗人提供了思考的通道。

"天下才有一石,曹子建独占八斗"的曹植,在继位之争中失势,被兄长曹丕妒忌、压制,年少时"长驱蹈匈奴,左顾陵鲜卑""捐躯赴国难,视死忽如归"的抱负都付诸流水。屡求自试而不可得之后,他写下《杂诗·南国有佳人》:

南国有佳人,容华若桃李。
朝游江北岸,夕宿潇湘沚。
时俗薄朱颜,谁为发皓齿?
俯仰岁将暮,荣耀难久恃。

几代之后,杜甫身逢安史之乱,陷身贼手而不忘君国,竭忠尽诚却落得降职弃官、漂泊流离,于是也化身一位佳人,倾诉心中的苦愤：

> 绝代有佳人，幽居在空谷。
> 自云良家女，零落依草木。
> 关中昔丧乱，兄弟遭杀戮。
> 官高何足论，不得收骨肉。
> 世情恶衰歇，万事随转烛。
> 夫婿轻薄儿，新人美如玉。
> 合昏尚知时，鸳鸯不独宿。
> 但见新人笑，那闻旧人哭。
> 在山泉水清，出山泉水浊。
> 侍婢卖珠回，牵萝补茅屋。
> 摘花不插发，采柏动盈掬。
> 天寒翠袖薄，日暮倚修竹。

美人的比喻不独适用于君臣之间，朱庆馀有诗《近试上张水部》：

> 洞房昨夜停红烛，待晓堂前拜舅姑。
> 妆罢低声问夫婿，画眉深浅入时无。

此诗表面上写的是男女闺房情事，沉醉于幸福中的新娘在即将拜见公婆时心生忐忑。其实诗人是一位应举的士人，考前怕自己的作品不合主考官张籍之意，特写此诗征求意见。张籍则以《酬朱庆馀》做答：

越女新妆出镜心，自知明艳更沉吟。
齐纨未足时人贵，一曲菱歌敌万金。

一来一往，本是干谒求进之事，被诗歌包装之后却显得含蓄委婉、格调清新。

不同的作者，相异的心境，笔下的美人也有"环肥燕瘦"之别。杜甫总是悲痛沉郁地苦吟着，他笔下的美人便是"天寒翠袖薄，日暮倚修竹"。而苏轼描绘的美人往往是雍容华贵的贵妇人形象。杜甫以萧萧修竹映衬高洁、落寞的佳人，苏轼则用浓艳独芳的榴花为美人画像。

榴花是怎样的花？当夏之时，千花褪尽，榴花独芳。占尽一季风光的不止榴花，还有秋菊、冬梅。与秋菊的清雅、淡泊，冬梅的高傲、无畏相比，榴花的奇特在于，它在最炎酷的季节绽放自己，在最热烈的时候热烈。白居易说："山榴花似结红巾，容艳新妍占断春。"当寻常的那些"浮花浪蕊"都已零落时，只剩繁盛的榴花一枝浓艳。

正如人要寻知己，曲要觅知音，花总是要人来赏的。王阳明说："你未看此花时，此花与汝心同归于寂；你来看此花时，则此花颜色一时明白起来，便知此花不在你的心外。"花只在看花人的心中，所以榴花要"伴君幽独"。

榴花不言，有芳心千重似束。在花前细看的美人，懂得花的心思，因为她本身也是花儿一朵。红颜易老，美人最怕迟暮，榴花亦然。秋日一近，绿叶将被西风摧残。到时候，此时的赏花人难免对酒伤怀，泪珠儿、花瓣儿将一起簌簌落下。

用哪种态度待花对花儿最好，一直是个难题。是"花开堪折直须折，莫待无花空折枝"，还是像林黛玉那样扫进绢袋，葬入花冢？其实最可爱的而最可学习的，是胡适的《兰花草》：

我从山中来，带着兰花草。
种在小园中，希望花开早。
一日看三回，看得花时过。
兰花却依然，苞也无一个。

转眼秋天到，移兰入暖房。
朝朝频顾惜，夜夜不相忘。

期待春花开，能将宿愿偿。

满庭花簇簇，添得许多香。

注释

①生绡：生丝织品，即织成后未经煮捣的薄绸。
②扇手一时似玉：指白团扇和嫩白手相接，乍看像连在一起的白玉一般。典出《世说新语·容止》：说王夷甫美貌而皮肤洁白，一手提白玉柄麈尾（即拂尘），白玉柄与手指都无分别。
③清熟：形容睡觉恬静酣熟。

水龙吟

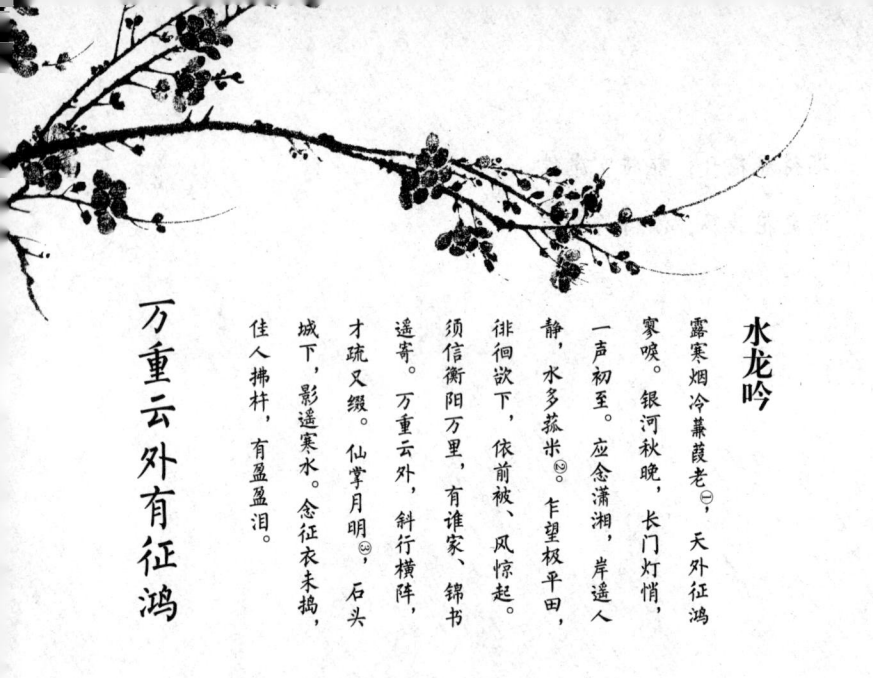

露寒烟冷蒹葭老[一],天外征鸿寥唳。银河秋晚,长门灯悄,一声初至。应念潇湘,岸遥人静,水多菰米[二]。乍望极平田,徘徊欲下,依前被、风惊起。

须信衡阳万里,有谁家、锦书遥寄。万重云外,斜行横阵,才疏又缀。仙掌月明[三],石头城下,影遥寒水。念征衣未捣,佳人拂杵,有盈盈泪。

万重云外有征鸿

宋神宗元丰七年(1084年)四月,苏轼离开黄州。从黄州移汝州,苏轼的级别和待遇仍旧是团练副使、本州安置,但汝州离政治中心开封要近得多,所以这表面上的平级调动实际上意味着苏轼的身份由得罪贬窜向赋闲待用的转变。既然是赋闲待用,苏轼便不着急去汝州,于是兜了个圈子,沿长江而下。先是在九江登岸爬了庐山,然后去筠州与弟弟苏辙会面,接着苏轼到了金陵。在这里,他拜访了已罢相八年的王安石,两人相谈甚欢,化解了之前的龃龉。

苏轼离开金陵向北行,思念起暂住金陵的妻妾。这首《水龙吟》于是因思念而起,随鸿雁而飞,飞向石头城里的如花美眷。

万里云外有征鸿，云天之下有行人。行人见征鸿，会思远人，念征程，叹别离。征鸿见行人，是不是也会有恁多心思？也许不会，因为不论北归还是南翔，雁大多是成群结队、排行列阵。不管在"人"字，还是在"一"字里，前后或左右都会有伙伴，寂寞大概是不会有的。

可是，换个角度来想。浩浩荡荡开赴沙场的行军队伍，连绵数十里，再摆个一字长蛇阵，不正是地上的雁阵吗？在这样拥挤的阵仗里，那生无名、死无碑的一个个小卒，难道真的只会斗志昂扬，再呜咽的芦管也吹不下一滴泪水？"不知何人吹芦管，一夜征人尽望乡"，一句诗就打消了这样的假设。

人在人群中会寂寞，雁在雁阵中就不会吗？就像一首歌中唱的，翅膀是落在天上的叶子。天上不是家乡，落叶总要归根，再辽远的飞行也有个终点，再潇洒的灵魂也有根线牵着。天高任鸟飞，那只是不会飞的人的妄想。

鸿雁传书是一件浪漫的事情，可历史上大雁是否真正当过人类的信使却是不确定的事。细究起来，鸿雁传书故事的发源也不是人与雁的亲密合作，而是人对雁的胁迫，甚至这个并不美好的故事也不尽实。

汉朝时，苏武出使匈奴被扣，之后长年在北海牧羊，生活艰辛，"掘野鼠去草实而食之"，但他忠贞不屈。后来汉匈和亲，汉朝使者出使匈奴时，便要求单于归还苏武等人。匈奴不愿意放归如此精忠之臣，就谎称苏武已死。于是汉朝使者对单于说："我们天子在上林苑射猎，射下一只大雁，雁脚上系着帛书，上面写着苏武就在北海的某个地方。"单于听闻此言，惊讶万分，不得已才把苏武释放了。

汉帝真的射下一只大雁，而这只大雁又恰好是苏武遣来的？即使所有巧合都发生了，这也不是一个你情我愿的"人雁故事"。大雁只是不知情的运载工具而已，否则何劳汉帝把它射下来？既伤了性命，也违了"合约"，如果那"合约"真的存在。

而且，这个故事纯属子虚乌有。汉使早就知道苏武就在北海，并料到单于不会痛快放人，所以特意扯了这个谎来击破单于的谎言。

读过《汉书》的人都应该知道鸿雁传书的真相，可人们仍旧一厢情愿地传说着这个传说，仿佛大雁生来就是人类的信使。故事越来越美好，越来越浪漫。

"云中谁寄锦书来？雁字回时，月满西楼。"这是李清照新婚不久，寄给负笈远游的丈夫的情信。这是带着轻愁的思念和期盼，略含埋怨，但更多的是美好。可怜易安居士在国破夫亡、凄凄惨惨戚戚的晚年，又见到旧时之雁："雁过也，正伤心，却是旧时相识。"这次第，怎一个愁字了得？！

王湾思乡时，会期待"乡书何处达？归雁洛阳边"；杜甫怀念李白时会担心"鸿雁几时到,江湖秋水多";李煜思念故国时,会感叹"雁来音信无凭,路遥归梦难成"。雁是信使,是寄托。

如果每个先看到大雁的人都在心中默写下问候和思念,让它们带走,而每个后看到大雁的人,又都知道远方的亲友已托它们带了"信儿"过来,并在心中把"信儿"还原,那么到底有没有锦书还有什么关系呢?或许,这就是古人心照不宣的秘密吧。

人们把雁塑造成如此通情的形象,但并未因此就对它们格外友善。战国时有个神射手叫更羸,有一天他与魏王一起在京台之下,更羸向魏王夸耀说,自己拉弓虚射就可以把鸟射下来。说话间,一只羸弱的雁从东方徐徐飞来。更羸摆好姿势,拉满弓弦,虚射一箭,雁应声而落。

原来更羸观察到这只雁飞得缓慢、鸣叫悲戚,判断出它不仅身有隐伤,而且心余惊恐。听到弦鸣,这只雁就会猛地搧动翅膀往高处飞,从而牵动旧伤,疼得跌落下来。这就是"惊弓之鸟"的故事。这个故事想要说的不仅是人的聪明,还有雁的蠢笨,却唯独没有提到人的残忍。

幸好不是每一个人都忽视了人对雁的残忍。金代诗人元好问曾因见一雁被杀,另一雁悲鸣不去、投地而死,而写下《摸鱼儿·雁丘词》:

问世间、情是何物,直教生死相许?天南地北双飞客,老翅几回寒暑。欢乐趣,离别苦,就中更有痴儿女。君应有语,渺万里层云,千山暮雪,只影向谁去?

横汾路,寂寞当年箫鼓,荒烟依旧平楚。招魂楚些何嗟及,山鬼暗啼风雨。天也妒,未信与,莺儿燕子俱黄土。千秋万古,为留待骚人,狂歌痛饮,来访雁丘处。

元好问在路上碰到一人在卖捕杀的大雁。捕雁者自述,他捕获一只雁后,那只逃脱落网的"幸运儿"不断悲鸣,最后竟然坠地自杀。猎人在讲这个故事时,眼光中应该是疑惑、不解,还有一丝守株待兔后的喜悦。听故事的人,却被这对雁感动了,花钱买了这对雁,把它们葬在汾水岸边,堆石为记,名为雁丘,并写下这首雁丘词。

幸运的猎人撞到两件傻事:痴雁自杀和痴人葬雁。可是痴雁完成了"在天比翼,在地同穴"的誓愿,痴人洒了几滴热泪,记下这千古奇情。猎人得到的钱财,与痴雁、痴人的所得相比,孰轻孰重?

人会赌咒,会发誓,会说"生同寝,死同穴",会说"海枯石烂"。雁什么也不会,只会悲鸣不已,只会坠地自戕。但感天动地的是迂而痴的雁,而不是会变通的人。若不痴,不傻,又怎能忠贞守一、生死不离?

苏轼是一个幸运的男人，他生命中的每一个女人都是值得思念、守持和期许的。石头城下，寒水中月影频摇；石头城里，寒舍内佳人望月怀远。在政治变动的微妙时期，谁也不清楚未来会发生什么。但至少还有愿意为他"捣征衣"的佳人与他相濡以沫。有了这样一种确定，苏轼即使走夜路也会更气定神闲一些。

注释

①蒹葭：芦苇。

②菰米：又名雕菰米，茎可作饭，名"茭白"。

③仙掌月明：汉武帝曾以铜作承露盘，高二十丈，大十围，上有仙人伸掌承接露水。金铜仙人在长安建章宫，此以仙掌喻指金陵宫阙。

定风波

三月七日，沙湖道中遇雨。雨具先去，同行皆狼狈，余独不觉。已而遂晴，故作此词。

莫听穿林打叶声，何妨吟啸且徐行。竹杖芒鞋轻胜马，谁怕？一蓑烟雨任平生。

料峭春风吹酒醒，微冷。山头斜照却相迎。回首向来萧瑟处，归去，也无风雨也无晴。

一蓑烟雨任平生

如果要在苏轼的诗词中选一句来形容他这一生，那么最贴切的非"一蓑烟雨任平生"莫属。凉雨侵人，春风料峭，林间沙路上，境中有一人，身无雨具却步伐从容，且一边吟咏长啸。一场雨寓意着一生，在命运的风吹雨打里，苏轼不正是一直这么泰然前行吗？

在诗人的笔下，雨是变化万端的仙子，浓妆淡抹总相宜。许浑"山雨欲来风满楼"说的是紧张，韩愈"天街小雨润如酥"写的是清新，李商隐"何当共剪西窗烛，却话巴山夜雨时"寄的是思念，李清照"梧桐更兼细雨，到黄昏，点点滴滴"诉的是凄婉，杜牧"南朝四百八十寺，多少楼台烟雨中"发的是怀古幽情，李煜"帘外雨潺潺,春意阑珊"记的是梦里江山。

雨的姿态不仅因人而异,而且即使在一个人的眼里,雨的模样也是变动不居的。

蒋捷的《虞美人》:

少年听雨歌楼上,红烛昏罗帐。壮年听雨客舟中,江阔云低、断雁叫西风。

而今听雨僧庐下,鬓已星星也。悲欢离合总无情,一任阶前、点滴到天明。

少年听雨歌楼上。

蒋捷出身世家,家境良好。他的青春是歌舞的青春。摇曳的红烛,曼妙的歌女,罗帐里荡漾着燕语莺喃。如果这雨中带有一丝愁味,那也是"少年不识愁滋味"的强说愁。在光与色的组合中,闪烁的是青春和欢乐的幻想。但青春与欢乐都是短暂易逝的。

壮年听雨客舟中。

少年听雨的镜头是楼内近景,到了此时,镜头从舟中探出,摄入一幅水天辽阔、风急云低的江上求雨图。那只在风雨中失群单飞的大雁,正是蒋捷自己的影子。

蒋捷生当宋、元易代之际,大约在宋度宗咸淳十年(1274年)中进士。蒋家与岳家是世交,年少的蒋捷和岳飞一样有精忠报国之志。可命运捉弄了他,蒋捷中的进士成了南宋的末代进士。未过几年,南宋灭亡。进士还没坐稳的蒋捷顿时失去了奋斗的目标。

壮年的蒋捷失去了"软语灯边、笑涡红透"的家庭温暖,只得在"万叠城头哀怨角"的乱世中东奔西走、漂泊四方。江山之大,尽属异族,已无他栖息之地。他的一腔旅恨、万般离愁都被涂写在这幅江雨图中。

而今听雨僧庐下。

少年头早白,滚烫的心也渐渐冰凉。

年老体衰的蒋捷,寄居在太湖上一个孤岛的竹林中,从此"竹山"成了他的号。史载蒋捷"宋亡不仕,抱节以终"。他自知没有气力恢复赵宋江山,但仍揣着衣冠礼仪之邦的残梦。他以"竹山"为号,就是要像竹子一样挺直,宁折不屈。在木鱼声中禅定,就成了他的宿命。

僧庐下,白发老人独听夜雨。苍老的心已尝遍悲欢离合的滋味,衰枯的身体经历了江山易主的桑田之变。少年的欢乐和壮年的愁恨一起埋在幽深的湖底,听任暗流去冲刷。伸手下去,打捞上来的只有一腔空虚、万念如灰。

雨水依旧滴滴答答地敲着石板,此时此刻的蒋捷虽听出了雨声的无情,自己却早已木然无动于衷了。

不管是"山雨欲来"的紧张,"小雨如酥"的清新,"到黄昏,点点滴滴"的凄婉,还是少年听雨的欢乐,壮年听雨的抑郁,甚至暮年听雨的木然,都是一种明确的情绪,是一种存在,一种"有"。但苏轼的这阕《定风波》,其妙其怪之处却在于,它表达的不是某种明确的情绪或想法,它营造的不是"有",而是"无"。

莫听穿林打叶声。雨中不听雨,那要听什么呢?苏轼不说。何妨吟啸且徐行。前方的路通向哪里?苏轼不说。一蓑烟雨任平生。这平生是要悲要喜、要聚要散呢?苏轼不说,只是"任"之。

料峭春风吹酒醒。微冷。微冷是清凉多一点儿,还是寒冷多一点儿?苏轼不说。山头斜照却相迎。夕阳无限好,只是近黄昏。更强调无限好,还是更强调近黄昏?苏轼不说。归去。归去田园,还是归去朝堂?苏轼不说。

其实,苏轼什么都说到了,但什么都不说透。他像个写小说的高手,把疑问一直埋到最后,到最后却仍然是疑问。这首词的序分明说"已而遂晴",明白指出天放晴了,"山头斜照"的出现也证明了这一点。但苏轼却故作矛盾,以一句"也无风雨也无晴"结了尾。

何妨吟啸且徐行。竹杖芒鞋轻胜马。一蓑烟雨任平生。从这几句能明显读出苏轼在道中遇雨之后的从容淡定、坦然自适。但坦然之后却又没有别的了。既没有对狼狈的同行者进行揶揄,也没有抒发雨过天晴的愉悦,连天晴都说成了"也无风雨也无晴"。仿佛什么都没有发生过,天没有下过雨,雨没有发出过"穿林打叶声"，苏轼也没有在雨中"吟啸徐行"过……

简单地说，苏轼在这首词的落脚处留了白。

音乐中的留白是为"此处无声胜有声"，中国画中的留白是为"此处无物胜有物"。创作者之所以留白，是相信他留的白会由听者、读者自动填充，用心去填充。这是作者和受众的默契，像一种隔绝时空、不定身份的游戏。

天上的雨点照常落下，但不定落在谁的身上。每一次邂逅都是偶然，又都像前世注定。而这，正是人间最隽永的乐趣吧！

注释

①雨具先去：指带着雨具的人先走了。

②芒鞋：草鞋。

巧补残词漏残梦

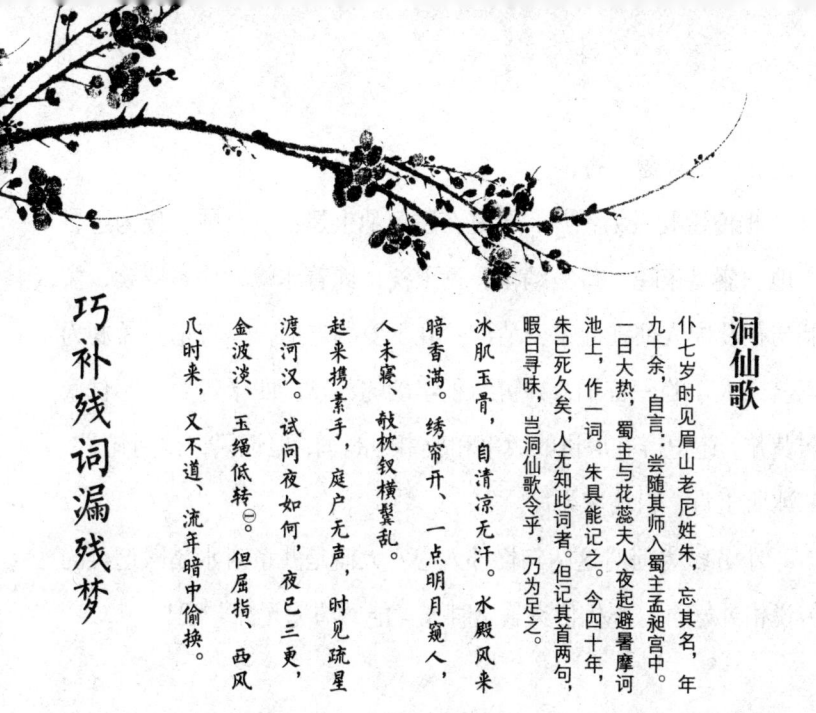

洞仙歌

仆七岁时见眉山老尼姓朱,忘其名,年九十余,自言:尝随其师入蜀主孟昶宫中。一日大热,蜀主与花蕊夫人夜起避暑摩诃池上,作一词。朱具能记之。今四十年,朱已死久矣,人无知此词者。但记其首两句,暇日寻味,岂洞仙歌令乎,乃为足之。

冰肌玉骨,自清凉无汗。水殿风来暗香满。绣帘开、一点明月窥人,人未寝、欹枕钗横鬓乱。

起来携素手,庭户无声,时见疏星渡河汉。试问夜如何,夜已三更,金波淡、玉绳低转[一]。但屈指、西风几时来,又不道、流年暗中偷换。

　　苏轼七岁时遇见一个九十多岁的老尼,老尼跟他讲了自己年轻时候亲历的一件前朝旧事,故事的主人公是后蜀末代皇帝孟昶和其花蕊夫人。

　　孟昶的命运和南唐后主李煜类似,都是被宋太祖赵匡胤灭国之后归附北宋,归附后又都不得善终。在改朝换代的历史大潮中,他们扮演的都是悲剧性的角色。更为巧合的是,两个亡国之君又都是词场上的高手。李煜的才华我们不必多说,孟昶也是一位好填词、工声律的君主。

　　花蕊夫人是孟昶之妃,本姓徐,以美艳聪慧著称。美女以花为名是很正常的,可她却名为花蕊,因为花已不足以形容其姿色,花蕊显得更轻盈、香艳。

相传孟昶最为怕热，于是在摩诃池上建水晶宫殿，作为避暑之地。盛夏夜晚，备鲛绡帐、青玉枕，铺着冰簟，叠着罗衾，孟昶与花蕊夫人便在此享受清凉。九十岁的老尼，一直记着孟昶为花蕊夫人作的一首词，并讲给了年幼的苏轼。四十年后，苏轼谪居黄州，还记得老尼讲的故事和故事中的词，但词只记得两句了："冰肌玉骨，自清凉无汗。"

小苏轼为何对这两句格外入心？大概是儿童对水晶殿这类的传说格外好奇，不相信炎暑之时人竟能"清凉无汗"吧！

可惜只记得两句了，否则花蕊夫人会通过这首词，露出更真切的面目。如果是乾嘉学派那些有考据癖的人遇到这类难题，他们大概会一头扎进古书丛中，翻个灰头土脸、海枯石烂，最后也许只能得出一个严谨而无意义的结论：不可考。而苏轼这样的文学奇人，是不会选择笨办法的，他的办法很简捷：补成完篇。

面对一件残缺不全的出土文物，考古学家会选择原封不动地加以保存，这是学术规范；商人会考虑修复之后高价卖出，可如果修复的成本太高，他们会不声不响地仿制一件，然后声称这是真品。只有艺高胆大、心闲气盛的艺术家，才能从两块残片中看出它的原型，并不辞辛苦、不计目地收集材料、设计方案，照着心中设想的模样使它复原如初。也许九牛二虎之力换来的只是案头的一件摆设和朋友圈里的几句自吹自擂，但他们就是愿意管这件无人在乎的闲事。

不得不说，苏轼的手艺的确精湛。文物保护讲究修旧如旧，苏轼补足的这首佚词，若自序中"但记其首两句"改成"但记其中两句"，谁能辨出原来的两句是什么？

原词"冰肌玉骨"一语甚妙，与"花容月貌"相似而有高下、雅俗之别。盛夏之时，花蕊夫人的肌骨冰凉玉润，全无汗染。苏轼的一句"水殿风来暗香满"恰好相接，"冰肌玉骨"是仙人，可仙界虽好，高处不胜寒，"暗香满"就点出了"仙人"身上的人气。不过苏轼也没有全说透，暗香是殿内焚焙之香，摩诃池莲荷之香，还是美人体自生香？每个读者都可以有自己的想法。苏轼的文心笔力，在这一句就显露出来。

苏轼是以孟昶的心去写，是以孟昶的眼去看。他写的是安富尊荣的皇帝和花容月貌的贵妃，但没有暗示对奢侈淫逸的批评，或者对他日后蜀亡国之恨的感慨，只是写了一男、一女、一闲事。花蕊夫人是直写，"冰肌玉骨""欹枕钗横鬓乱"是也，孟昶暗中出场，"携素手"是也。一闲事，不过是两人夏夜携手闲步中庭。

此词营造出一派清绝之境。清绝之境不难写，尤其是秋夜之清绝，如杜牧的"银烛秋光冷画屏"。但要写炎夏之夜的清绝却极难落笔。孟浩然写过"微云渡河汉，疏雨滴梧桐"，当时一座惊叹。苏轼"时见疏星渡河汉"，足以抵之，写的是大热中之清绝。

整首词都是苏轼设身处地为孟昶和花蕊夫人二人安排的情节。因天热，人不能寐，钗横鬓乱。风来水殿，月舞当空，于是两人携手而出。深宵，寂无人语。抬头望天，银河寂静而恬淡，时见流星一点，掠过其间。两人又不禁共语：何时夏尽秋来，溽暑退去呢？

在他的笔下，这两人仿佛不是历史中的人物，而是虚构的两个角色。他们就像为这首词而存在，默默地演完这场戏，然后鞠躬，转身退出舞台。可历史没有如约终止，像残忍的车轮滚滚前行，碾碎了这寂静的美好。

孟昶在位三十年后，北宋军队在大将王全斌的指挥下分两路伐蜀。脆弱不堪的后蜀军队，无法阻挠"分久必合，合久必分"的天下大势。战败，投降，孟昶没有选择的余地。孟昶降后，花蕊夫人被赵匡胤强纳入后宫，便成了花蕊夫人的唯一命运。

不过与孟昶相比，花蕊夫人在历史上的身影要更刚直一点儿。孟昶留下的是"七宝溺器"的笑柄。孟昶的溺器上用七宝作装饰，当这件战利品到了宋太祖手中时，宋太祖命人全部打碎。他说，如此奢侈，不亡国才是怪事！而花蕊夫人留下的却是一首《述国亡诗》：

君王城上竖降旗，妾在深宫那得知？
十四万军齐解甲，更无一个是男儿！

"流年暗中偷换",终于把情投意合换成了国破家亡。苏轼的妙手可以补全一首词,却补全不了孟昶和花蕊夫人的"仲夏夜之梦"。岂止补不全古人的梦,他几时又补全过自己的梦?文字有时是那么有力,能搭建出一整个世界,有时又那么疲弱,就像一针致幻剂,只有自欺欺人的功效。文字结束,药效结束,一切依旧真实如血。

论古总为伤今,苏轼虽未明言,但兴寄全在词中。炎夏之际,谁都盼望着秋风送爽。但真正夏过秋来,又该感叹"流光容易把人抛"。在人生苦境中,每个人都在不断追求将来要出现的美境。但美境到来之后,又成了另外一种苦境:如此循环,永不止息。而岁月,就在人不断期望又不断失望的颠倒循环中悄悄老去。苏轼的意思应是:唯有当下值得把握。这首词像苏轼很多别的词一样,使人从悲哀中生出达观的精神。

注释

①玉绳:《太平御览·天部五》引《春秋元命苞》曰:"玉衡北两星为玉绳。玉之为言沟,刻也。"宋均注曰:"绳能直物,故名玉绳。沟,谓作器。"玉衡,北斗第五星。秋夜半,玉绳渐自西北转,冉冉而降,时为夜深或近晓也。